JN098514

小学校国語

読みのスイッチでつなぐ！

教材研究と授業づくり

説明文編

茅野 政徳
櫛谷 孝徳

編著

東洋館出版社

はじめに

　令和 6 年 4 月より、小学校では新たな教科書の使用が開始されます。光村図書の国語教科書に限れば、「春風をたどって」「友情のかべ新聞」「スワンレイクのほとりで」「ぼくのブック・ウーマン」など新たな物語文が 6 編、「つぼみ」「ロボット」「未来につなぐ工芸品」「風船でうちゅうへ」など新たな説明文 7 編がお目見えします。当然、教材研究が必要になりますが、その時間を捻出するのが難しい先生も多くいらっしゃるでしょう。次に予定されている物語文、来月から始まる説明文。その教材で子どもは何を学ぶのだろう。各教材のポイントが分からず、お困りの先生もいるのではないでしょうか。

　さらにいえば、その物語文、説明文の学習は何とか終えたとしても、その単元（教材）で学んだことが、今後の学習にどのように生かされるのか。先を見通すのは、国語科を専門的に研究している先生でなければ、かなり難しいと思われます。国語科は、単元（教材）間、学年間の系統性が見出しにくく、その単元（教材）に「閉じられた学び」に陥りやすい教科です。本書は、そんな先生方のお役に立てるように、その単元（教材）で何を学び、学んだことが次のどの単元（教材）に生かされるのかを具体的に示しています。「閉じられた学び」から脱却する「開かれた学び」を提案します。その土台となるのが、ユニット・スイッチです。令和 5 年 3 月に刊行した『小学校国語　教材研究ハンドブック』において、物語文では 5 つのユニットと 35 のスイッチ、説明文では 5 つのユニットと 28 のスイッチを紹介しました。本書はその続編・実践編にあたります。どの単元（教材）でどのスイッチを習得し、それをどの単元（教材）で活用・定着させるのか、6 年間に学習するすべての教材の系統性を一覧で示しています。

　合言葉は、「『前に』が言える子ども、『次に』が言える教師」を生み出すことです。「前に○○を学習したときに…」と過去の学習を今の学習に生かす子どもの姿を見たくありませんか。「今回学んだことはね、次に△△という物語文を学習するときに生きるから覚えておこうね！」と言える先生になりたいと思いませんか。物語文と説明文を生き生きと学び合う先生と子どもの姿を夢見て、本書を世に送り出します。

令和 6 年 3 月　茅野政徳

解説編

実践編

第1章

解説編

1. ユニット・スイッチとは

1. 不易と流行

　「伝え合い」「学び合い」「対話的な学び」。求められる授業の在り方は、中央教育審議会答申や学習指導要領総則をはじめとする公的な性質をもつ文書に記されたキーワードによって揺り動かされてきました。現在は、「ICT」「個別最適化」「自己調整」などの文言が教育現場を包み込んでいます。もちろん、それは悪いことではありません。国際的な視野に立ち、また社会の要請に応える必要性から生まれてきた考え方ですから。しかしながら、語弊を覚悟で、それらの考え方を「流行」というならば、「不易」が疎かにされていると感じることが多々あります。具体的にいえば、「対話的な学び」「自己調整」などを生み出す源となる教材に対する眼差しが弱まっている、教材そのものをしっかりと分析・研究せずして授業に臨んでいるように思えるのです。少々乱暴ですが、料理にたとえるならば、料理方法や提供の仕方にばかり目が向き、素材そのもののよさや特徴・特長を吟味しないまま、フライパンや鍋に放り込み、味付けをしているようなものではないでしょうか。

　「流行」ばかりが脚光を浴び、その土台となる「不易」が暗闇に沈んでいます。

2. 教材研究のためのハンドブックがほしい

　年間で多くの学習指導案を読む機会がありますが、教材分析や教材解釈が詳しく記されている指導案に出合うことは稀です。詳しく書かれているな、と思ったら教師用指導書など既成のものを写していることもあり…。そんな嘆きを多くの先生方にぶつけていたところ、「教材研究をがんばりたいのだが、どのように取り組めばよいのかわからない」「漠然と教材を読んでいても、ただ時間が過ぎていく」「教材研究の方法やポイントを具体的に教えてほしい」という声が返ってきました。

　確かに、教材研究には時間がかかります。多忙な学校現場で、特に小学校は1人の先生が多くの教科を受け持つため、1つの教科の1つの教材に時間をかけるのは難しいでしょう。さらに、国語科関連の書籍を集めてみても、「ごんぎつね」「大造

じいさんとガン」「海の命」など1つの教材に特化し、教材の成り立ちから語句の解釈、実践例まで詳しく記されている本は多く見かけるのですが、どの教材でも必要となる教材研究の視点が紹介されている本は、近年殆ど刊行されていません。教材研究の視点を明確に示すことができれば、教材と教材を「つなぐ」ことができます。「つなぐ」教材研究にむけて、ハンドブックのような本が必要だと感じ、令和5年3月に刊行したのが『小学校国語　教材研究ハンドブック』です。

3.「つなぐ」教材研究に向けて－ユニットを創り出す

　どの教材でも必要となる教材研究の視点をどのように生み出すのか。まずは、学習指導要領にヒントを得ました。「読むこと」の指導事項の中でも教材研究の視点となる言葉が散りばめられているのが、「構造と内容の把握」と「精査・解釈」です。低・中・高学年の指導事項（説明的文章）を並べてみましょう。

(1) 構造と内容の把握

> ア　時間的な順序や事柄の順序などを考えながら、内容の大体を捉えること。
> ア　段落相互の関係に着目しながら、考えとそれを支える理由や事例との関係などについて、叙述を基に捉えること。
> ア　事実と感想、意見などとの関係を叙述を基に押さえ、文章全体の構成を捉えて要旨を把握すること。

(2) 精査・解釈

> ウ　文章の中の重要な語や文を考えて選び出すこと。
> ウ　目的を意識して、中心となる語や文を見付けて要約すること。
> ウ　目的に応じて、文章と図表などを結び付けるなどして必要な情報を見付けたり、論の進め方について考えたりすること。

　上記の指導事項から中心となる語句を抜き出してまとめてみます。

> 重要な語や文　中心となる語や文　考え　理由　事例　事実　感想　意見
> 図表　要約　要旨　順序　段落相互の関係　論の進め方

これらの文言を土台とし、そこにこれまでに学んだ教材研究の方法や教材との向き合い方を加味します。その結果、教材を見つめる大きなまとまりとして、以下のユニットを創り出しました。

> ユニット1：「設定」を見つめる
>
> ユニット2：「一文」を見つめる
>
> ユニット3：「段落」を見つめる
>
> ユニット4：「文章」を見つめる
>
> ユニット5：「距離」を見つめる

4.「つなぐ」教材研究に向けて－スイッチの誕生

　ユニットをさらに細かく分けた結果、説明文は28のスイッチが誕生しました。これらのスイッチを駆使すれば、どの教材でも同じように分析・研究をすることが可能です。なお、一つ一つのスイッチについては、14ページから解説していますので、お読みください。

ユニット1：「設定」を見つめる

　1 筆者　2 題名・話題　3 段落数　4 文種　5 資料

ユニット2：「一文」を見つめる

　1 主語と述語・係り受け　2 問いかけと投げかけ　3 文末　4 物語的表現

　5 文と文の関係　6 資料と文の関係

ユニット3：「段落」を見つめる

　1 問いと答え　2 要点　3 第一段落の工夫　4 考えとよりどころ

　5 段落のまとまり　6 比較　7 結論の広がり　8 原因と結果

　9 クッション段落

ユニット4：「文章」を見つめる

　1 順序　2 構成　3 カギことば　4 要約　5 要旨

ユニット5：「距離」を見つめる

　1 知識・体験　2 使用語句　3 意見・主張

2.「つなぐ」教材研究を 「開かれた」学びに生かす!

1. 本書刊行に向けて

　『小学校国語科　教材研究ハンドブック』を刊行して半年が過ぎました。幸いにも、多くの先生から「教材研究のポイントが分かった」「教材と教材をつなぐ視点をもつことができた」といううれしいメッセージを頂戴しました。中には、「この2つの物語文は、『色ことば』がたくさん入っていますね」「低学年の説明文で具体例が身近な順に並んでいることを学ぶと、中学年の説明文を読むときにも役立つのですね」など、「つなぐ」教材研究の実例を挙げてくださる先生もいらっしゃいました。

　先生方が教材と教材を「つなぐ」ことができるようになれば、その意識は子どもに伝播し、子どもも教材と教材を「つなぐ」ことができるようになるのではないか。教材という「点」と「点」が結ばれて、子どもの頭の中で「線」になるイメージです。

　子どもが、「前に学習した○○では…」と、ノートを見返しながら過去の学びと今の学びをつなげて発言する。それを、1つの教材に「閉じられた学び」ではなく、「開かれた学び」と称しましょう。そんな子どもの姿を見たくありませんか。先生は、「今、学習していることが、次にみんなが学ぶ△△という文章の学習のときに生かせるんだよ」と未来を語る。そんな先生になりたくありませんか。

　本書がめざすのは、

> 「前に」が言える子ども、「次に」が言える教師

　そのような姿を理想に掲げ、本書の編集がスタートし、『小学校国語　教材研究ハンドブック』刊行から1年経った今、続編・実践編を刊行することとなりました。

2. 学ぶ意味を見つめ直す──なぜ、説明文を学ぶのか

　なぜ説明文を学ぶのか。先生方は考えたことがありますか。

　1950年代まで新聞社は伝書鳩を使って原稿や写真を送っていたそうです。戦後、電話やテレビ、ファックス、携帯電話、そしてインターネットと情報のやり取りをする手段は増え、文字媒体から音声、映像へと変化してきました。その変化につれ、説明文の役割も変化してきました。新たな情報や知識を入手するための媒体の1つであることに変わりはありませんが、そのニーズは着実に低下しています。説明文の最たる集まりが新聞だとすれば、その発行部数の低下は顕著です。

　物語文ほどではないですが、説明文でもその教材に「閉じられた学び」にとどまっている学習場面に出合うことがあります。たんぽぽ、あり、大豆、固有種、鳥獣戯画。確かに魅力的な題材が目白押しです。しかし、新たな知識を得るのであれば、子どもに1台ずつ提供されているタブレットを用いた方が早いかもしれません。きっと、豊富な画像や映像をもとに説明してくれるサイトが見つかるでしょう。

　では、今なぜ説明文を学習するのか。そこで注目されるのが形式です。何が書かれているのか（内容）ではなく、どのように書かれているのか（形式）に目を向けるのです。説明文の学習で学んだ形式を次の説明文を読むときに、さらに、話したり書いたりするときに生かす。そんな「開かれた学び」を創り出す必要があります。

3.「開かれた学び」に向けて系統性を見出す

(1) 3種類のスイッチ─習得・活用・定着

　『小学校国語　教材研究ハンドブック』では、一つ一つのスイッチの解説に、令和4年度に発刊されていた4社（光村図書・東京書籍・教育出版・学校図書）の教材を使用しました。本書は、「開かれた学び」に向けて系統性を見出す観点から、令和6年度から使用が開始される光村図書の教材に絞っています。そのかわり、光村図書の教科書に掲載され、学習の手引きが見開きで示されている説明文すべてを系統立て、どの教材でどのスイッチを働かせるのかを明らかにしています。あくま

で試案ですが、教材の詳細な分析と、教材の後に付けられている学習の手引きをもとに、執筆者たちと協議を重ね、執筆を進める中で改訂をくり返し、12〜13ページの一覧を完成させました。試案とはいってもかなり精度の高い系統表が完成したと自負しています。ぜひ、6年間に学ぶ説明文のつながりを実感してください。

　なお、本書ではスイッチを以下の3種類に分けています。

◎習得スイッチ	その教材（単元）で習得するスイッチ。子どもは初めてそのスイッチを重点的に学ぶので、全員が習得できるように単元の中で丁寧に扱いたい。
○活用スイッチ	以前習得したスイッチを取り上げ、その教材（単元）で活用を促したいスイッチ。活用する場を積極的に設け、子どもが「前に」と言える場面をつくることで定着を図りたい。
・定着スイッチ	習得・活用を経て、その教材（単元）では子どもが自ら働かせることを求めたいスイッチ。定着していないと判断した際には意図的に取り上げ、活用を促したい。

各教材のページと系統表を生かし、「前に」が言える子ども、「次に」が言える教師をめざしましょう！

3. 令和6年版光村教科書　学年別説明文一覧

	本書掲載ページ	ユニット1					ユニット2					
		1 筆者	2 題名・話題	3 段落数	4 文種	5 資料	1 主語と述語・係り受け	2 問いかけと投げかけ	3 文末	4 物語的表現	5 文と文の関係	6 資料と文の関係
1年生 つぼみ	026		◎			◎						
うみのかくれんぼ	032		○			○						
じどう車くらべ	038		○			○						
どうぶつの赤ちゃん	044		○			○						
2年生 たんぽぽのちえ	050		・			○				◎	◎	
どうぶつ園のじゅうい	056	◎	・			○	○		○		○	
紙コップ花火の作り方	062				◎			◎				◎
ロボット	068					・	○		○			
3年生 文様 こまを楽しむ	074			◎								・
すがたをかえる大豆	080		・	・		・					◎	
ありの行列	086		・	○								・
4年生 思いやりのデザイン アップとルーズで伝える	092		・		○			○				○
未来につなぐ工芸品	098	○			・							
風船でうちゅうへ	104	○			・					○		○
5年生 見立てる 言葉の意味が分かること	110			・	・			・				
固有種が教えてくれること	116			・	・			・				○
想像力のスイッチを入れよう	122		・		・							
6年生 笑うから楽しい 時計の時間と心の時間	128		・		・			・				
『鳥獣戯画』を読む	134	○						○	○	○		・
「考える」とは	140		○									

◎習得スイッチ　○活用スイッチ　・定着スイッチ

※上記記号の分類・機能については11ページ参照

ユニット3									ユニット4					ユニット5		
1 問いと答え	2 要点	3 第一段落の工夫	4 考えとよりどころ	5 段落のまとまり	6 比較	7 結論の広がり	8 原因と結果	9 クッション段落	1 順序	2 構成	3 カギことば	4 要約	5 要旨	1 知識・体験	2 使用語句	3 意見・主張
◎																
○											◎					
○									◎		○			○		
○					◎									○		
○															◎	
										○						
										○						
○										◎	○					
·	◎			◎					○	○				○		
	○	◎							○	○	·					
○				○										○		
·				○	○	◎				·						◎
	·		◎	○							○	◎				○
											○	○				
				○			◎			·	○		◎			○
				○						·	·		○			○
		○	○			○				·	○			○		○
			○			○								·	○	○
		○														○
		○			○					·	○		·	·		○

＊その教材で特に目を向けてほしいスイッチに◎○・を記しています。

＊1つの教材で扱うスイッチが多くならないように、習得と活用のスイッチを合わせて5〜6個
　程度におさめています。

ユニット 1 「設定」を見つめる

スイッチ 1
筆者

先生方は、学習した説明文の筆者名をどれだけ言えますか？　筆者は、その道のプロ、専門家、研究者などです。自分が情熱を傾けている仕事や研究について語っているのが説明文です。そのため、説明文は筆者による読者に対する説得行為ともいわれます。関連図書を出している筆者もたくさんいます。まずは、どんな仕事や研究をしている人なのか、筆者に注目するスイッチを働かせましょう。本書では、「どうぶつ園のじゅうい」の筆者うえだみやさんなど、職業や専門分野に着目してほしい筆者に◎や〇といったスイッチを設けています。

スイッチ 2
題名・話題

読者が最初に目にするのは題名です。題名は、私たち読者に様々な情報を与えてくれます。題名の付け方には大きく分けて、次の４パターンがあります。Ａ中心となる題材・話題（つぼみ）、Ｂ対比・類比（アップとルーズで伝える）、Ｃいざない・興味（うみのかくれんぼ）、Ｄ筆者の主張・着眼点（想像力のスイッチを入れよう）。題名は、本や文章の顔です。どのような情報を与えてくれるのか考えましょう。本書では主に低学年でこのスイッチを働かせます。また、「「考える」とは」など題名から内容を想像してほしい教材にスイッチを設けました。

スイッチ 3
段落数

段落は、内容のまとまり。単純にいえば、段落数が多いほど多くの内容を含んでいます。「これで、ようやく長い一日がおわります。」（どうぶつ園のじゅうい）のように、一文のみで段落を設けることで印象付ける方法も取られます。「時計の時間と心の時間」などは、分量のわりに段落数が少ないのが特徴です。１つの段落の情報量が多そうですね。段落の数から文章の構成や特徴が見えてます。本書では、そのほか、「段落数」と事例の数に着目する「こまを楽しむ」「すがたをかえる大豆」など、３年の教材を中心にスイッチを配置しています。

スイッチ 4
文種

文種を見分けるスイッチです。学習指導要領には、「説明文」ではなく「説明的文章」と記されています。それは、説明する文章には様々な文種があるからです。たとえば、観察・記録文、報告文、解説文、説明文（書）は、事実や事柄を正確に伝える文章で、筆者の説得の強度は低め。それに対して、意見文、論説文などは、事実にもとづいて意見や主張を述べる文章であるため、説得の強度は高めになります。本書では、「紙コップ花火の作り方」（説明書）や「ありの行列」（観察・記録文）、「論説文」など特徴的な文種にスイッチを設けています。

スイッチ 5
資料

説明文では、文章の内容や筆者の考えを分かりやすく伝えるために、図や表、グラフ、写真や絵など多くの資料が載せられます。特に低学年は、植物や動物に関する文章や、おもちゃの作り方を解説した文章が載っており、写真や図が重要な情報源となります。文章によっては資料の情報が少なく、また勘違いを生む場合があります。子どもは資料のどこに着目し、どんな情報を得るのか考えましょう。このスイッチは、その資料から得られる情報に目を向けます。資料と本文の関係は、ユニット２の「資料と文の関係」というスイッチで着目します。

「一文」を見つめる

主語と述語・
係り受け

一文を正しく理解することは、内容理解の基本です。主語がない場合には、補ってみましょう。主語が単数か複数か、を見つめることも重要です。「わたし」で始め、途中から「わたしたち」を使い、読者を巻き込もうとする筆者もいますから。係り受けが遠い文は読みづらく、間違って理解する可能性もあります。このスイッチは、学習指導要領に示された全学年の「知識及び技能」に深く関わります。本書では、主語の省略が目立つ「どうぶつ園のじゅうい」や、誰が実験を行ったのか勘違いが生まれる「ありの行列」などを取り上げています。

問いかけと
投げかけ

文章を包み込む大きな問いかけを用いる場合もあれば、読者を飽きさせないために小さな問いかけを文章全体に散りばめる場合もあります。見せかけの疑問を投げかけ、読者に判断させる「説擬法」という表現技法もあります。私たちは問いかけられると自らの知識や経験を総動員し、答えを予想します。問いかけや投げかけは読者を文章に引き込み、答えを探そうと先を読みたくさせる表現です。本書では、最後の問いかけが印象的な「固有種が教えてくれること」をはじめ、問いかけと投げかけが特に多く用いられている教材を取り上げました。

文末

「のだ、のです」など読者に強く訴えかける「強い文末」もあれば、「だろう、と思われる」など断定を避ける「弱い文末」もあります。「ですね」のように読者に語りかける文末もあります。文末表現は、筆者の心持ちを映し出します。「強い文末」は、多くの場合、筆者の考えや主張に直結します。「どうぶつ園のじゅうい」や「ありの行列」では、現在形と過去形の文末が巧みに使い分けられています。本書では他に、筆者の考えが文末から判断できる「風船でうちゅうへ」や、文末に特徴のある「『鳥獣戯画』を読む」などでスイッチを働かせることにしています。

スイッチ 4 **物語的表現**	筆者は、読者が小学生であることを知っています。飽きさせない工夫の１つが、物語的表現です。「たんぽぽのちえ」では、「ぐったりと」「しずかに休ませて」などの表現を用い、たんぽぽを擬人化しています。「『鳥獣戯画』を読む」では、「その名はなんと、かわづ掛け。」「どうだい。」などの巧みな表現で、『鳥獣戯画』の世界にいざないます。淡々と描かれがちな説明文に彩を与えるのが、物語的表現です。
スイッチ 5 **文と文の関係**	多くの場合、１つの段落には複数の文が入っています。その文と文は、どのような関係にあるのでしょうか。つなぎ言葉、指示語はあるのか、考えと理由などの関係はあるのか、考えてみましょう。「すがたをかえる大豆」の３-７段落は、最初の一文で最も大切な内容を述べる、「段落内頭括型」ともいうべき構成となっています。「すがたをかえる大豆」に続く「ありの行列」の２-７段落も同様の構成となっており、文と文の関係が分かりやすく記されています。文と文のつながりに目を向けることは、段落の要点を押さえる際に役立ちます。
スイッチ 6 **資料と文の 関係**	文章を「連続型テキスト」と呼ぶのに対し、図、表、グラフ、写真や絵などの資料を「非連続型テキスト」と呼びます。資料がどの段落や文と関連しているのか、見つめるのがこのスイッチです。また、資料が載せられていると「分かりやすい」のですが、グラフと写真の「分かりやすさ」は同じでしょうか。変化が分かる、違いが分かる、ぱっと見て分かるなど、その役割や効果を考えることも必要です。本書では、「風船でうちゅうへ」や「固有種が教えてくれること」など、資料が内容理解に重要な働きをしている教材にスイッチを設けました。

ユニット 3 「段落」を見つめる

スイッチ1
問いと答え

筆者は当然、答えを知っています。その答えに合わせ、問いを設定します。問いが先にあるのではなく、答えが先にあるのです。筆者は、問いと答えを設定したら、答えの根拠となる事例を入れるなど文章を肉付けしていきます。肉付けが多ければ、問いと答えの段落の距離は遠くなります。短距離走のように問いと答えの段落が近い文章も見られます。まずは、問いと答えの段落の距離を見つめましょう。このスイッチは、主に低学年で働かせるように配置していますが、問いと答えが離れている「ありの行列」でも取り上げることにしました。

スイッチ2
要点

段落は、1つの内容のまとまりです。ユニット4で紹介する「カギことば」のように、その内容を端的に表すキーワードが要点になります。また、その段落の役割や機能が要点となることもあります。たとえば、「問い」「まとめ」「具体例」「説明」などは、その段落の役割や機能を表していますね。「要点」とは、「要」となる「点」です。その段落の要となるキーワードが点として見つけやすいか、考えましょう。このスイッチは、ユニット4で取り上げる要約や要旨の土台となります。そのため「要約」が学習指導要領に示される中学年に設けています。

スイッチ3
第一段落の工夫

第一段落をどのように書き始めるか、3通りの方法を紹介します。①題材や用語の説明（子どもにとって身近でない事象や言葉が中心となる場合）、②具体的なエピソード（子どもが事象との距離を感じ、興味がわかない場合）、③問題提起（読者と問題意識を共有したい場合）。優しい書き出し、刺激的な書き出し。様々な工夫が施されています。第一段落にこめた筆者の意図に目を向けるスイッチです。「想像力のスイッチを入れよう」は、子どもが想像しやすい事例から文章を始めています。読者を引き込む「『鳥獣戯画』を読む」の工夫も見事です。

考えと
よりどころ

私たちは常に、考え（感想や意見、主張）に説得力をもたせるために、その考えを補強するよりどころ（理由や事例）を挙げます。「理由」とはなぜそのような考えをもつのかを説明するもの、「事例」とは考えの妥当性を示す根拠となる客観的な事実や具体例などを指します。「よりどころ」なくして「考え」なし。よりどころは、考えの後ろ盾です。中・高学年の教材に対して働かせたいスイッチです。たとえば、「想像力のスイッチを入れよう」や「時計の時間と心の時間」では、具体的な図形や実験など多くのよりどころが紹介されています。

段落の
まとまり

段落のまとまりは、「大段落」や「意味段落」と呼ばれ、文章全体の構成を理解する土台となります。「初め－中－終わり」「序論－本論－結論」は、意味段落の表し方の1つです。スイッチ2「要点」と重なりますが、「段落のまとまり」も内容のつながりと段落の機能の両面から捉えられます。どちらに重きを置くかによって段落構成図は異なります。段落のまとまりを多面的に見つめる目が必要です。このスイッチは、教材に「初め－中－終わり」が示される中学年から働かせますが、特にまとまりを捉えてほしい教材にスイッチを設けています。

比較

説明文は、ある事象を説明するために書かれます。その際に「比較」を用いると、その事象の特徴がより明確になります。「どうぶつの赤ちゃん」ではライオンとしまうま、「アップとルーズで伝える」ではアップとルーズが（それぞれの長所と短所も）比較されていますね。段落同士を比較する場合もあれば、段落内に比較が潜んでいる場合もあります。比較はどの学年でも必要な、基礎的な思考法です。6年の「「考える」とは」では、3名の筆者の考え（文章の内容）と論の進め方（文章の形式）の両面を比較する活動が設定されています。

スイッチ 7 **結論の広がり**	具体をもとに一般的・抽象的な考えを述べる文章構成があります。その場合に用いられるのが「結論の広がり」の段落です。結論を広げない文章は、「ありの行列」のように「ありで始まり、ありで終わる」それに対して、「ありで始まり、昆虫に広げる」のが「結論の広がり」のある文章。「アップとルーズで伝える」の7・8段落がその典型例です。結論の広がりは、4年から登場します。「想像力のスイッチを入れよう」では、最後から二番目の段落でメディアの枠を広げ、最終段落でメディア以外にも結論を広げるように構成されています。
スイッチ 8 **原因と結果**	科学的な内容や社会的・歴史的な事象を扱った文章には、結果を生み出す原因が必ず記されています。「固有種が教えてくれること」は、日本に固有種が多く生息している（結果）のは日本列島の形成が原因であると解説しています。「言葉の意味が分かること」も原因と結果の関係が明らかです。「原因と結果」は、高学年の「知識及び技能」に位置付けられており、高学年教材で働かせたいスイッチです。本書では、6年の「笑うから楽しい／時計の時間と心の時間」でもこのスイッチを取り上げ、原因と結果の関係を見つめるようにしています。
スイッチ 9 **クッション段落**	教科書教材は分量に制約があるので、すべてを語り尽くすことができません。そのため、読者から反対意見が届いたり、例外を指摘されたりすることがあります。それらを事前に筆者が想定し、「そういう反論が出されることは分かっていますよ」「もちろん、そういう例外も想定しています」と、先回りしてクッションのように受け止める段落を指します。「反論想定」の段落と呼ぶことがあります。

※スイッチ9「クッション段落」については、令和6年版光村図書の教科書に掲載されている説明文には、このような機能を果たす段落が見当たらなかったため、系統表では◎や○などの記号が一度も付いていません。

ユニット **4** 「文章」を見つめる

スイッチ 1
順序

順序は、低学年の柱となる見方です。①時（時間や季節、年月）、②場所、③数字（大きさや長さ）、④様子（形や色）、⑤手順・仕方、⑥身近さ・安易さ、⑦大切さ・重要度・優先度、⑧因果関係（事実と理由・原因と結果）など様々な順序があります。「春になると」と始まれば、次に「夏」が来るかなと考えますね。「まず」と書かれれば、「次に」を予想します。順序は、その後の内容を推測する装置です。本書では、低学年での順序の学びを生かしてほしい「こまを楽しむ」「すがたをかえる大豆」「風船でうちゅうへ」にもスイッチを設けています。

スイッチ 2
構成

構成は、中・高学年の柱となる見方です。学習指導要領解説には、「初め－中－終わり」「序論－本論－結論」、頭括型、尾括型、双括型などの構成が例示されています。低学年では「問い－答え」という単純な構成だったのが、中学年になると「初め－中－終わり」となり、高学年になるとさらに文章が長くなるので最初の問いでは文章全体を包み込めず、最初と最後に結論を述べる双括型が登場します。このスイッチは中・高学年のすべての教材で取り上げたいくら重要です。「初め－中－終わり」と双括型の構成は、常に意識するとよいでしょう。

スイッチ 3
カギことば

学習指導要領には、「重要な語や文」（低学年）、「中心となる語や文」（中学年）という文言が示されています。それをまとめて、本書では「カギことば」と呼んでいます。「カギことば」は何度もくり返されたり、「　」で強調されたり、題名や結論部（双括型の場合には最初の段落）に用いられたりします。「カギことば」は、文章の要点を捉え、要約したり要旨をまとめたりする際に役立ちます。本書では、「想像力のスイッチ」など、題名に特徴的なカギことばが使われている教材を中心にスイッチを設けました。なお、単語ではなく、文の場合もあります。

要約

要約は、「元の文章の構成や表現をそのまま生かしたり自分の言葉を用いたりして、文章の内容を短くまとめること」です。主に中学年で学習します。内容をぎゅっとまとめる際に目を向けたいのが、「カギことば」と筆者の考え（主張）、それを支える事実。これが、要約の三大要素となります。教科書に示された字数はあくまで目安。子どもの実態に応じて何通りか字数を設けるなど工夫しましょう。本書では、このスイッチを 4 年の「未来につなぐ工芸品」で習得し、次の教材「風船でうちゅうへ」で活用するように配置しています。

要旨

要旨とは、「書き手が文章で取り上げている内容の中心となる事柄や、書き手の考えの中心となる事柄」です。主に高学年で学習します。考えの中心は、「カギことば」になったり、最終段落に表されたりすることが多いですね。その点では、要約と同様のプロセスをふみます。高学年では文章が長くなるため、必然的に内容も考えも多く記されます。だからこそ、「中心」をもとに要旨を捉えることが大切です。本書では、5 年の「言葉の意味が分かること」で習得し、次の教材「固有種が教えてくれること」で活用するように配置しています。

ユニット 5 「距離」を見つめる

　ユニット5は、『小学校国語　教材研究ハンドブック』では、先生が教材と目の前の子どもとの間にどのような距離があるかを考えるために設定したスイッチです。そのため、子どもが教材を見つめる際に働かせるスイッチとして想定していませんでした。しかし、説明文を読むときに自分がもつ知識や体験を投影したり、文章中に使われている言葉が自分にとって身近かを判断したり、筆者の意見や主張に対して自分の考えをもったりすることは、子どもの学びとして価値があると判断し、本書の習得・活用・定着スイッチに入れることにしました。

スイッチ 1
知識・体験

私たちは無意識に、自らの知識や体験を文章に反映させています。「じどう車くらべ」の「おもいにもつをのせるトラックには、タイヤがたくさんついています。」という文に納得するのはなぜでしょう。〔重い荷物→タイヤに負担→パンクの恐れ→タイヤの量を増やして回避〕という知識が文章理解を補っているからです。子どもにその知識や体験があるか。文章と子どもの知識・体験との距離を測ります。

スイッチ 2
使用語句

子どもは、「らっかさん」をイメージできるのでしょうか。「たんぽぽのちえ」に出てくる言葉です。「ありの行列」では、「実験」「観察」「研究」という言葉を使い分けていますが、子どもはその使い分けが理解できているのでしょうか。文章の使用語句と子どもの日常語句に距離が生まれると内容理解につまずきが起きてしまいます。文章中の一語一語について、子どもと距離がないか見つめるスイッチです。

スイッチ 3
意見・主張

筆者の意見や主張に子どもは納得できるのか。子どもの文章理解と筆者の意見・主張との距離に目を向けるスイッチです。たとえば、「言葉の意味が分かること」で、筆者は「言葉の意味は面である」と主張します。「面」という言葉は普段でも使いますが、このような抽象度の高い使い方に子どもは慣れていません。文章理解と筆者の主張の間に距離が生まれます。距離に気付けば、手立てを講じられますね。

5. スイッチの活用・定着を図る 教師の発問5選

　スイッチの習得・活用・定着を図るには、教師の役割が重要です。教師は具体的にどのような発問や価値付けを心がければよいのでしょう。第2章実践編の各教材の「❺　スイッチを働かせた授業の姿」では、教師の発問を明確にするよう努めました。様々な発問がありますが、以下の5つの発問は、スイッチの活用・定着に役立ちます。

スイッチの活用・定着を図る発問	定着を促す	「双括型」で書くと、どんなよさがありましたか？ 子どもたちが、すでに習得・活用しているスイッチを思い出し、定着を促す発問です。習得・活用しているスイッチも時間が経つと忘れてしまいます。だからこそ、このような発問をくり返すことで定着を図る必要があります。また、たとえば、「双括型」は「サンドイッチ型」など、子どもたちが自分たちで名付けると、覚えやすく愛着もわき、定着が図りやすいでしょう。
	前の教材とつなげる	「第一段落の工夫」は、前にも学習しませんでしたか？ 子ども自身が前の教材で学習したスイッチに気付くことが理想ですが、なかなかそうはいきません。そのため、まずは子どもが教材と教材のつながりを捉えられるように発問することが大切です。「前の説明文では、筆者はこんな工夫をしていたよ！」子どもにとって、前に学んだ教材とのつながりを見出すのは大発見です。そのような学習の積み重ねが、さらなるスイッチの活用と定着を図ります。
一語に着目し、スイッチを活用する発問	言葉に焦点化する	「真っ赤」という色から、どんな心情が伝わってきますか？ 子どもは、根拠となる叙述を漠然と捉えています。そんなとき、文の中の一語に焦点化し、スイッチを働かせるための発問です。たとえば「大造じいさんとガン」では、本文に「真っ赤」という一語が出てきます。この「色ことば」から大造じいさんの燃えるような心情が伝わってきます。発問によって、「文末」「複合語」「色ことば」など、見逃しがちな言葉にスポットライトを当ててみましょう。
	けずって比べる	「ぐったりと」をけずって、比べて考えてみましょう。 「たんぽぽのちえ」に、「そうして、たんぽぽの花のじくは、<u>ぐったりと</u>じめんにたおれてしまいます。」という一文があります。「ぐったりと」という「物語的表現」がなくても意味は通じます。では、どうして筆者はそのような表現を用いたのでしょうか。もとの文から「ぐったりと」をけずり、比べて考えてみます。そうすることで、そのスイッチがあるよさや効果に気付きます。
	変えて比べる	「帰ってきたのです。」が「帰ってき<u>ました</u>。」では、どんな違いがありますか？ 「スーホの白い馬」の「大好きなスーホのところへ帰ってきた<u>のです</u>。」という一文。文末に着目したい場合、「きたのです」を「きました」に変えて比べてみることが有効です。すると「のです」の強い文末表現から、白馬のスーホへの愛情や必死さが伝わってきます。「文末」以外にも「くり返し」「オノマトペ」「色ことば」など、スイッチの効果を考えたいときは変えて比べてみるとよいでしょう。

第2章

実践編

「つぼみ」

❶ 単元の目標

　本文と写真を対応させながら内容の大体を捉え、もっと知りたいと思った花のつぼみについて、わけと一緒に話すことができる。

❷ 本単元で働かせるスイッチ

[◎習得スイッチ]

題名・話題　　問いと答え　　資料

❸ 教材の特徴とスイッチ

　子どもたちは幼児期、遊びを通して楽しいことや好きなことに集中し、様々なことを学んできました。そうした子どもたちが、小学校生活で初めて学習する説明文が、本教材です。説明文を読むことの楽しさを子どもたちが体感しながら、スイッチを習得できるような単元計画を心掛け、「小学校って楽しいな」「授業って楽しいな」という思いを存分に感じて欲しいと願っています。

▶「資料」の大切さを知る

　この教材に出合うまでの３カ月の間、授業の中で、資料（主に挿絵）を見て考えたことを話す場面はたくさんあったのではないでしょうか。説明文ではありませんが、たとえば、「はなのみち」では、挿絵を通して場所や季節、登場人物のイメージを膨らませて話す学習活動を行うと、子どもたちは自由な発想で想像を広げていきますよね。そうした姿から、一枚の資料がもつ力を改めて感じます。

　説明文も同様です。もしこの教材に資料がなく、文章だけだったとしたらどうでしょうか。１年生にとっては、内容理解がものすごく難しいものになると思いませんか。書かれていることの大体は理解できたとしても、実際に花が開いている様子を想像することが難しい子もいるでしょう。ききょうやはすを知らない子ども

にとっては、さらに想像が難しくなります。そう考えると、文章だけで読み取るのではなく、文章と 資料 （本教材では主に写真）を行ったり来たりしながら読みを深めていくことの大切さがよく分かります。

ちなみに 資料 は、教材に対する興味・関心を高めるためにも有効です。「今日から、つぼみのお話を読みます。教科書を開いてください。」という言葉だけで始まる学習と、つぼみの写真を3枚見せて気付いたことを自由に話し合うことから始まる学習。どちらの方が、子どもたちの心がよりワクワクするでしょうか。資料 の提示の仕方1つとっても、無限に工夫ができそうです。

▶「問いと答え」の文型に出合う

説明文の基本である 問いと答え という文章形式。そのことを初めて学ぶだけでも、1年生にとっては大きな発見です。だからこそ、教え込むのではなく、子どもたちがその形式に気付けるように仕掛けをつくりたいものです。

そこで着目したいのが、ページ構成です。「これは、なんのつぼみでしょう。」という「問い」と、「これは○○のつぼみです。」という「答え」の間で、必ずページが変わっているというこの仕掛け、なんだかクイズみたいでワクワクしてきませんか。この仕掛けを通して、問い があることにより、続きの文への興味が高まるということ、問い があるよさについて、子どもたちが実感できるようにすることが大切です。

▶「題名」の大切さを知る

文章には 題名 がある。私たち大人にとっては当たり前のことかもしれませんが、これも説明文を初めて学ぶ1年生にとっては、新しい学びの1つです。題名は主に、

A：中心となる題材　　B：対比・類比　　　C：いざない・興味
D：筆者の主張・着眼点

の4パターンに分けられますが「つぼみ」は、A：中心となる題材であるといえるでしょう。その点を押さえておくと、次に学習する説明文で「うみのかくれんぼ」という題名について、何らかの気付きを得る子どもがいるかもしれません。

④ 単元計画（全8時間）

時	学習活動	習得／活用スイッチ
1	○教材「つぼみ」を読み、学習の見通しをもつ。 ・P54の写真を見て、3つのつぼみからそれぞれどんな花が咲くかを予想して、絵に描いてみる。	題名・話題
2〜6	○全文を読み、内容の大体を捉える。 ・本文と写真を対応させながら、3種類の花のつぼみについて取り上げられていることを確かめる。（2時間目） ・それぞれのつぼみについて、「問い」と「答え」を確認し、「答え」の後に、詳しく説明している部分があることを確かめる。（3〜5時間目） ・「問い」と「答え」という文章形式を確かめながら、2人組で音読する。（6時間目）	問いと答え 資料
7・8	○一番お気に入りのつぼみについて、わけとともに伝え合う。 ・お気に入りのつぼみとそのわけをまとめる。（7時間目） ・まとめたことを伝え合い、学習を振り返る。（8時間目）	

⑤ スイッチを働かせた授業の姿

[1時間目] ―単元の見通しをもつ中で 題名 の意味を知る―

学習活動	指導のポイント

「つぼみ」のお話で学習することを考えよう

 生活科で育てている朝顔。最初はみんなの小指の爪ぐらいだった種から、ずいぶん成長しましたね。

C　つるがすごく伸びたよね。だから支柱を立てた。

C　葉っぱの枚数も増えて、どんどん育っているね。

C　私の朝顔は、つぼみがつき始めているよ。

 （教科書P54の3枚の写真を提示しながら。）この3枚の写真でいうと、どれがつぼみでしょうか？

C　全部つぼみの写真だよ。

C　朝顔のつぼみは、この写真かな。○○さんの朝顔についている

☞ Point

日常生活から話題を広げ、自然と学習につながるようにします。今回は、生活科で育てている朝顔を取り上げましたが、童謡「ひらいたひらいた」を歌って、つぼみについてのイメージを膨らませる活動もよさそうです。

つぼみと同じ形をしているから。

C　ほかのつぼみは、何の花のつぼみだろう。

C　形が違うから全部違う花になるのかな。

 それぞれのつぼみからどんな花が咲くのか、みんなの予想を絵で描いてみましょう！

C　①は写真を見ると、花びらの大きさが違う感じがする。

C　つぼみの形が涙みたいな形だから、涙の形の花が咲くのかな。

C　②は真ん中とはじっこの花びらで形が違う気がする。

C　はじっこがかくかくしているから、さんかくの花びらかな。

C　答えは、教科書のお話に載っているかな。

☞ Point
朝顔は概ね同じ予想になると想像されるので簡単に扱い、①はす、②ききょうを中心に、予想とその理由を話し合います。

 「お話」には、名前が付けられています。このお話の名前は「つぼみ」といいます。

C　つぼみがたくさん出てくるからその名前なのかな。

C　ただの「お話」というよりも、分かりやすい。

C　なんのことが書いてあるのかが、すぐ分かる！

C　先生が読んでくれた絵本にも、名前があったよね。

C　教科書の最初に大きく書いてあるよ。

☞ Point
子どもたちが（題名）という概念を学ぶのは、ここが初めてです。普段何気なく使っている子も多いかもしれませんが、「題名はお話の名前である」ということをここで確認しましょう。今まで学習したお話の題名を言っていくのもいいかもしれません。

 お話の名前のことを、「題名」といいます。「題名」があると、お話の内容が分かりやすくなりますね。

[3・4時間目]　―（問いと答え）と（資料）に着目しながら読む―

学習活動	指導のポイント

３つのつぼみは、どんなふうに開いて、どんな花が咲くのかな

 （P55の朝顔のつぼみの写真を見せながら）この写真のつぼみの様子を説明してみましょう。

C　しぼんでいるみたいだな。

C　先っぽの方がぐるぐる巻きになっているね。

C　教科書には、「さきがねじれたつぼみです。」と書いてあるから、しぼんでいるわけではないと思う。

☞ Point
（資料）としての教科書の写真と本文を照らし合わせながら、「さきがねじれたつぼみです。」という文の理解を深めましょう。

教科書と写真を比べながら読むと、つぼみの様子が
詳しく分かりますね。55 ページを読んでみましょう。

C 「さきがねじれたつぼみです。」の次に、「これは何のつぼみで
しょう。」という文があるね。

C 「これはなんのつぼみでしょう。」というのが、クイズみたい。み
んなに聞いている感じがする。答えを知りたくなる。

C 次のページをめくると、答えが書いてあるよ。早くめくりたい！

クイズみたいに、「これは、なんのつぼみでしょ
う。」と聞いている言葉を「問い」といいます。で
は、「答え」はどこに書いてあるでしょうか？

C 次のページに、「これは、あさがおのつぼみです。」と書いてあ
るから、これが答えだと思うな。

C その次に、「ねじれたところがほどけて、だんだんとひろがって
いきます。」と書いてあるよ。

C 教科書にも、ねじれたところが少しほどけた写真があるね。

C だんだんと広がっていくから、いきなり広がらないんだね。

「これは、あさがおのつぼみです。」と、「ねじれた
ところがほどけて、だんだんと広がっていきます。」
の２つが、「答え」ということでしょうか？

C 「これは、なんのつぼみでしょう。」と聞いているから、「これは、
あさがおのつぼみです。」と答えている。

C だから、「これは、あさがおのつぼみです。」が、答えだよ。

C 「ねじれたところがほどけて、だんだんとひろがっていきます。」
は答えというより、どうやって開くかを説明している感じ。

朝顔のつぼみは、「問い」と「答え」と「その説明」
で説明していることが分かりました。次のつぼみは、
どうでしょう。57 ～ 58 ページを読んでみましょう。

C また、「これは、なんのつぼみでしょうか。」が出てきた。

C 朝顔と同じで、みんなに聞いている感じ！

C 聞いている言葉は、「問い」だったね。「問い」の後には、「これ
は、はすのつぼみです。」という答えが書いてある。

☞ Point
「これは、なんのつぼみでしょ
う。」という 問い と、「これは、
あさがおのつぼみです。」という
答え の文章構成をしっかりと
押さえます。同時に、「ねじれ
た」や「だんだんとひろがってい
きます」などの語句についても、
どのような様子なのかを説明し
たり、動作化したりして理解を深
めましょう。

☞ Point
56 ページの文章すべてが 答え
なのではなく、「答え」と「その説
明」であることを確認します。

☞ Point
はすも朝顔と同じような文章構
成になっていることに気付けるよ
う促します。「問い」という言葉
は一年生には難しい言葉です。
そのため「質問している言葉」や
「クイズ言葉」など、一年生にも
分かりやすい言葉にして、
問いと答え を少しずつ浸透で

きるようにしてもよいでしょう。

朝顔と同じで、「問い」と「答え」があることが分かりましたね。つぼみの開き方は、どのように説明されていますか?

C 「いちまいいちまいのはなびらが、はなれていきます。」と書いてあるよ。

C 「そして、さまざまなほうこうにひろがって、はながさきます。」と説明している。朝顔のときと同じだ。

朝顔とはすのつぼみは、説明の仕方が同じです。では、つぼみの開き方は同じでしょうか?

C 朝顔は大きい花が咲くけど、はすは花びらがはなれるんだね。

C いろいろな方向に広がるなんて、おもしろい。

C 教科書の写真を見ると、はすは花びらがいっぱあるよ。

C つぼみの開き方は違うんだね

C 最後のつぼみはどんな開き方をするのかな。

C 最後のつぼみの説明も、きっと朝顔とはすと同じだと思うな。

写真を見ると、説明がより分かりやすくなりますね。次回は、最後のつぼみを読みましょう。

☞ Point
問いと答え という文章の構成は同じでも、花の開き方は違うことに気付けるよう、文章と写真を行ったり来たりしながら話し合い、写真があることのよさを価値付けます。

☞ Point
学習のまとめとして、「問い」と「答え」で読む役を分けて音読し、定着を図るのもよいでしょう。

6 今後の教材につながるスイッチ

スイッチ	つながる教材
題名・話題	「うみのかくれんぼ」（1年）→「じどう車くらべ」（1年）など
資料	「うみのかくれんぼ」（1年）→「じどう車くらべ」（1年）など
問いと答え	「うみのかくれんぼ」（1年）→「じどう車くらべ」（1年）など

発展的に取り上げたいスイッチ

この教材を読むにあたっては、「つぼみが開くと花になる」という知識が大前提となります。入学したばかりの1年生は、生活体験も様々。つぼみから花になる過程は「開く」ではなく、「形が変わる」というように考えている子どもがいても不思議ではありません。子どもたちの 知識・体験 を意識化するために、童謡「ひらいたひらいた」を歌ったり、つぼみが花になる様子を動作化したりするなどして、子どもたちと教材の距離を縮めていくことも大切です。

「うみのかくれんぼ」

1年

❶ 単元の目標

　文章の中の重要な語や文を考えて選び出し、生き物の隠れ方について確かめながら読むことができる。

❷ 本単元で働かせるスイッチ

[◎習得スイッチ]

カギことば

[○活用スイッチ]

題名・話題　　資料

問いと答え

❸ 教材の特徴とスイッチ

　最初のページに大きく載っている海の写真と、「うみのかくれんぼ」という題名が、子どもたちを一気に説明文の世界に引き込みます。説明文は、「読むことで新しい発見ができる」ことが何よりの魅力です。しかし、子どもたちがその喜びを味わうだけで終わるのではなく、「つぼみ」で習得したスイッチの活用と、新しいスイッチ　カギことば　の習得も心掛けて単元を計画していきたいと思います。

▶「題名」から「カギことば」へ

　お話には　題名　があり、　題名　があると、どんなことが書いてあるのか分かりやすいという効果があります。「つぼみ」でそのことを学習した子どもたちが、この「うみのかくれんぼ」という　題名　に出合ったとき、どのような反応をするのでしょうか。「かくれんぼは、海ではやったことがない。」「うみのかくれんぼってどういう意味だろう？」子どもたちは興味をそそられ、「早く読んでみたいな。」という思いが膨らんでくることでしょう。だからこそ、単元の導入では　題名　から想像することをたっぷりと話し合わせたいものです。

　また、教科書の「たいせつ」には、「だいじなことばをみつけながらよみましょう。」と書かれています。そのため、この話し合いが新しいスイッチである　カギことば

に着目するためのきっかけとなります。「かくれんぼについて書いてあるんだな。」という予想をもって教材文を読むと、「かくれています。」が４回、「かくれているのでしょうか。」「かくれます。」「かくします。」が１回ずつ出てきます。そのことと （題名） に着目し、「くり返し出てくる言葉は大事な言葉である」という、（カギことば） の習得につなげることをめざします。

▶「資料」の提示の仕方を工夫し、主体的な課題設定へつなげる

この教材では、まず、１つの生き物の説明に対して３枚の写真が提示されていることに注目します。「１．何が、どこに」「２．かくれるための体のつくり」「３．かくれんぼの仕方」という文章構成に合わせて、３枚の写真が提示されていることで、説明がより分かりやすくなっていることを押さえましょう。

導入では、（題名） について話し合うことを計画しましたが、（資料） の提示の仕方を工夫し、子どもたちの主体的な学びを促していくことも大切です。P112 〜113 の写真の後、本教材には出てこないカレイやクマノミなど、かくれんぼが上手な動物の写真を紹介するのもよいでしょう。そうすることで、教材文に出てくる３種類の生き物を学習した後に、「あれ？まだカレイの説明が出ていない…」「だったら自分たちでも調べてみよう。」という主体的な思考の流れが期待できるからです。

▶ 新しい「問いと答え」の関係を発見する

「つぼみ」で学習した （問いと答え） という文章構成は、「うみのかくれんぼ」でも使われているのでしょうか。結論からいうと、「使われているけれど、少し違う」ということになります。「つぼみ」では、それぞれのつぼみについて、（問いと答え） がありました。それに対して「うみのかくれんぼ」は、最初に「なにが、どのようにかくれているのでしょうか。」という （問い） があり、その後に、それぞれの海の生き物の隠れ方について説明をしています。

（問い） が最初の一回だけ。ここが「つぼみ」と違うところで、１年生にとっては新しい発見となります。一般的な説明文は、この形で進んでいくのが基本であることを考えると、「（問い） が最初の一回だけ」という発見が、今後の説明文学習の土台であり、大切に扱う必要があることが分かります。

④ 単元計画（全8時間）

時	学習活動	習得／活用スイッチ
1・2	○教材「うみのかくれんぼ」を読み、学習の見通しをもつ。 ・題名から想像したことを話し合う。（1時間目） ・海の生き物について話し合う。（2時間目）	題名・話題
3〜5	○生き物の隠れる場所と隠れる方法を確かめる。 ・はまぐりの隠れ方などを確かめる。（3時間目） ・たこの隠れ方などを確かめる。（4時間目） ・もくずしょいの隠れ方などを確かめる。（5時間目）	問いと答え 資料
6	○教材「うみのかくれんぼ」と「つぼみ」を読み比べる。 ・「問い」と「答え」の構成の仕方や、大切な言葉について考える。	問いと答え カギことば
7・8	○他の生き物の隠れ方を説明したり、調べたりする。 ・カレイの隠れ方の説明を考える。（7時間目） ・他の生き物の隠れ方を調べて友達と交流し、学習を振り返る。（8時間目）	資料 カギことば

⑤ スイッチを働かせた授業の姿

[6時間目] ── 2つの説明文を読み比べ、 問いと答え カギことば の習得をめざす──

学習活動	指導のポイント

「うみのかくれんぼ」と「つぼみ」の似ているところを考えよう

「つぼみ」と「うみのかくれんぼ」はどちらも説明文でしたね。似ているところはありましたか。

C　どっちの説明文も、絵ではなく写真が出てくるところが同じ。

C　どちらも写真があるから、何の説明をしているのか分かりやすい。

C　「うみのかくれんぼ」は3枚ずつ写真があるから、どうやってかくれるのか分かりやすいよ。

写真があると、説明がより分かりやすくなりますね。では、似ている言葉はありましたか？

☞Point
問いと答え の言葉や、「資料」の存在に注目できるよう、「つぼみ」で学習したことを想起することから始めましょう。

C 「つぼみ」でやった、「問い」が出てきたよ。

C 「うみのかくれんぼ」も、「なにが、どのようにかくれているのでしょうか。」と最初に「問い」があるよ。

C 「つぼみ」は、「これは、なんのつぼみでしょう。」だった。

 よく覚えていましたね。「つぼみ」では、「これはなんのつぼみでしょう。」という「問い」は、何回出てきましたか？

C 3回出てきたよ。

C でも、「うみのかくれんぼ」は、1回しか出てこないよ。

C 「つぼみ」は、1つのつぼみの答えを聞くたびに質問していたけど、「うみのかくれんぼ」はまとめて聞いているんだね。

C でも、「答え」は3回出てくるよね。

C 「はまぐり」「たこ」「もくずしょい」の最初の文が「問い」の「答え」になっているね。

 では今度は、「うみのかくれんぼ」だけをじっくり読んで、たくさん出てくる言葉を探してみましょう。

C 「かくれています。」が4回も出てきたよ。

C 「かくれています。」と似ている「かくれます。」もある。

C 「かくします。」もある。

C 題名も「かくれんぼ」だ！

C かくれんぼのお話だから、「かくれる」という言葉がたくさん出てくるんだね。

 説明文の中で、たくさん出てくる言葉は大事な言葉です。次回はいよいよ、自分たちで説明文を作ってみましょう。

☞Point

まずは「問い」の言葉に注目し、その後は、その回数を確認しましょう。「つぼみ」は1つのつぼみに対して1つの問いだったことに対して、「うみのかくれんぼ」は、最初に1回「問い」があるだけとなっています。「つぼみ」と比べて読むことで、その 問いと答え の特徴に気付くことができます。

☞Point

「つぼみ」と「うみのかくれんぼ」を比べて、 問いと答え の文章構成をつかんだ後は、「うみのかくれんぼ」に焦点を絞って、「たくさん出てくる言葉」に着目できるよう促していきます。
説明文の中でくり返し出される言葉は重要であることを全員で確認し、 カギことば の習得をめざしましょう。

学習活動	指導のポイント

カレイの隠れ方を説明しよう

 今日からは「うみのかくれんぼ」の説明文を作りたいと思います。今日はこの生き物です。

（水槽の写真①を見せる。）

C 砂の写真だね。

C 生き物なんていないような気がする…。

C じっくり見てみると、目みたいなものがある。

C 何が隠れているのかな。

（水槽の写真②を見せる。）

C カレイがいた！

C すなの中にもぐって隠れているんだね。

C もぐるところが、はまぐりに似ているね。

C 体の色が砂と同じ色だから、見つかりにくい。

 それでは、カレイの隠れ方を説明する文を作ってみましょう。3種類の生き物のことを思い出して、説明の順番を確認していきましょう。

C 最初は、「はまぐりが、すなのなかにかくれています。」のように、「何がどこに」を説明していたよ。

C その次は、「かくれるための体のつくり」だったよね。

C 最後に、「かくれんぼの仕方」を説明して完成。

 説明の順番は分かりました。大切なことがもう1つありましたね。「うみのかくれんぼ」の大事な言葉は何でしたか？

C 「かくれます」がたくさん出てきていたよ。

指導のポイント

☞Point
次時の学習では、図鑑で調べた生き物について個人でカードにまとめる活動を行います。そのための練習として本時を位置付けました。本時と同じ手順をふめば、次時の学習に取り組めるよう、まずは全体で丁寧に指導することを心掛けましょう。

☞Point
水槽の写真①は、「1何がどこに」、水槽の写真②は「2かくれるためのからだのつくり」と「3かくれんぼのしかた」の文章につながります。資料と文章の関係について気付いたことを自由に話し合う時間をとり、それを板書に残すことで、説明文がつくりやすくなります。

☞Point
写真を見て話し合ったことをもとに、「1何がどこに」「2かくれるための体のつくり」「3かくれんぼのしかた」の順番で文章が書かれていたことを想起できるようにしましょう。

☞Point
前時の学習から、たくさん出てくる言葉は大事な言葉 カギことば であることを確認し、説明文を作る際に意識できるようにしましょう。

C　たくさん出てくる言葉が大事な言葉だったよね。

C　題名も「うみのかくれんぼ」だから、「かくれます」は大事。

　　それでは、説明の順番と大事な言葉に気を付けなが
　　ら、カレイの説明文を考えましょう。

C　はまぐりの隠れ方と同じだから、はまぐりと同じ文がいいかな。

C　「カレイは、すなのなかに　かくれています。」かな。

C　次は、かくれるためのからだのつくりだから…。

C　水槽の写真①の、「からだの色が砂と同じ」が使えそう。

C　「カレイは、からだの色が、砂の色と同じです。」と書けるね。

C　その次は、かくれんぼの仕方だね。

C　「すなのなかにもぐって、かくれます。」だね。

　　たくさん出てくる言葉が大事な言葉だということを
　　学習しましたが、カレイの説明文にもきちんと入っ
　　ていますね。次回からは、自分１人で説明を考えて、
　　友達と伝え合いましょう。

「うみのかくれんぼ」

（完成したカレイの説明文）
カレイは、すなのなかに　かくれています。
カレイは、からだのいろが、すなのいろとおなじです。
すなのなかにもぐって、かくれます。

☞Point
完成した説明文を音読することで、「自分たちで説明文を考えることができた」という達成感をたっぷりと味わえるとよいですね。そして、「他の生き物の説明も考えてみたい。」という意欲をもって次時を迎えられるようにすることが大切です。

6　今後の教材につながるスイッチ

スイッチ	つながる教材
カギことば	「じどう車くらべ」（１年）→「ロボット」（２年）など
題名・話題	「じどう車くらべ」（１年）→「どうぶつの赤ちゃん」（１年）など
資料	「じどう車くらべ」（１年）→「どうぶつの赤ちゃん」（１年）など
問いと答え	「じどう車くらべ」（１年）→「どうぶつの赤ちゃん」（１年）など

発展的に取り上げたいスイッチ

はまぐり、たこ、もくずしょい。この　順序　にはどんな意味があるのでしょうか。それぞれの説明の主語を見ていると、「はまぐり」「たこ」「かにのなかまのもくずしょい」となっていて、もくずしょいだけ少し特別な感じがします。さらに最後の一文も、はまぐりとたこが「かくします。」や「かくれます。」なのに対し、もくずしょいは「へんしんするのです。」となっています。これらのことを手がかりにしながら、３種類の生き物の　順序　について話し合っておくと、次の「じどう車くらべ」の学習につなげることができそうですね。

37

「じどう車くらべ」

① 単元の目標

　事柄の順序などを考えながら読み、自動車の仕事とつくりについて考えることができる。

② 本単元で働かせるスイッチ

[◎習得スイッチ]

順序　知識・体験

[○活用スイッチ]

題名・話題　資料
問いと答え　カギことば

③ 教材の特徴とスイッチ

　これまで学習してきた説明文と比べると文章も長くなり、より説明文らしくなってきました。もちろん、違いはそれだけではありません。今までの教材文と比べることで、教材の特徴やそこで働かせるスイッチを探ってみたいと思います。

▶ 因果関係の「順序」に注目し、初めて接続詞に出合う

　これまで学習してきた「つぼみ」や「うみのかくれんぼ」との大きな違いは、なんといっても接続詞が初めて登場することです。この文章では、3つの自動車が紹介されていますが、それぞれの事例において、「しごと」と「つくり」の「因果関係」の 順序 の関係が「そのために」という接続詞で表されています。前の文と次の文をつなぐ言葉がある。これは1年生にとっては大きな大きな発見です。

　では、どのように学習すればよいのでしょうか。よく使う方法の1つに、「気付いてほしいところを隠す」という手法があります。

・トラックは、にもつをはこぶしごとをしています。 _____、うんてんせきのほかは、ひろいにだいになっています。

　この2文だけでも、意味は充分伝わります。そのことを子どもたちと話し合った

38

上で、2つの文をつなぐ言葉「そのために」があると、説明がより分かりやすくなることに気付けるように導いていきましょう。

▶ 身近さの「順序」のスイッチを入れる

最後に考えたいのは、3つの事例の（順序）についてです。「じどう車くらべ」が、クレーン車から始まる説明文だったとしたらどうでしょうか。3つの事例の中では一番迫力があり、子どもたちの興味もぐっと引き付けられそうな気もします。その一方で、あまり身近ではないものから出てくると、文章理解が難しくなってしまうことも考えられます。だからこそ、「バスやじょうよう車→トラック→クレーン車」という「身近さ」の（順序）で説明が進んでいるのです。この気付きは、次の単元で、自動車の紹介カードを編集する際にも役立ちそうですね。

▶「知識・体験」を深める発問

今まで学習してきた教材文と同じところにも目を向けましょう。

一番分かりやすいのは、（問いと答え）ではないでしょうか。このスイッチについては、3回目になるので、教材文を読んだ段階で「つぼみやうみのかくれんぼと同じだね！」という声が聞こえてくることを期待したいところです。

さらに見ていくと、「うみのかくれんぼ」と「じどう車くらべ」は、どちらも1つの事例に対して3つの文で説明されていることが分かります。「うみのかくれんぼ」は、「1 何が、どこに　2 かくれるための体のつくり　3 かくれんぼのしかた」でした。そのことを振り返りながら、「じどう車くらべ」を読んでいくと、「1 しごと　2 つくり」までは分かりやすいのですが、3文目はどうでしょうか。

たとえばトラックの事例でいうと、2文目の「そのために、うんてんせきのほかは、ひろいにだいになっています。」と、3文目の「おもいにもつをのせるトラックには、タイヤがたくさんついています。」は、荷台の話から急にタイヤの話になっているので、このままでは文章理解が難しい子どもがいると考えられます。

そこで働かせたいのが、（知識・経験）のスイッチです。「荷物が重すぎるとタイヤがパンクしてしまう可能性がある」という（知識・体験）を補うことで、読みを深めていけるようにすることが大切です。

④ 単元計画（全7時間）

時	学習活動	習得／活用スイッチ
1	○教材「じどう車くらべ」を読み、学習の見通しをもつ。 ・P30 の挿絵を見て、それぞれの車がどんな仕事をするのか、そのためにどんなつくりになっているのか、考えを出し合う。	資料 題名・話題
2〜5	○文章全体の構造を捉え、それぞれの車の「しごと」と「つくり」を確かめる。 ・文章全体の構造を確認する。（2時間目） ・バスとじょうよう車の「しごと」と「つくり」を押さえる。（3時間目） ・トラックの「しごと」と「つくり」を確かめる。（4時間目） ・クレーン車の「しごと」と「つくり」を確かめる。（5時間目）	知識・体験 問いと答え カギことば 順序
6	○説明の仕方について確かめる。 ・身近な自動車から順に登場していたことを押さえる。	順序
7	○はしご車の「しごと」と、そのための「つくり」についてまとめ、学習を振り返る。	順序

⑤ スイッチを働かせた授業の姿

[2・3 時間目] ― 知識・体験 を関連付けて、因果関係の 順序 である自動車の「しごと」と「つくり」を理解する―

学習活動	指導のポイント

「じどう車くらべ」の説明の仕方を考えよう

 前回初めて読んだ「じどう車くらべ」は、どんなことが書いてある説明文でしたか？

C 「つぼみ」や「うみのかくれんぼ」と同じで、説明しているお話だった。

C 「じどう車くらべ」という題名だから、自動車の説明だよ。

C 「くらべる」は、何個もあるものをじっくり見て調べるという意味だった。

C だから、今日からは教科書に出てくる自動車を調べる！

☞Point

前時で初めてこの教材文を読む際に、「つぼみ」や「うみのかくれんぼ」と同じで、「何かを説明している説明文である」ということを確認しておきましょう。それが、それまでの2つの説明文で習得したスイッチを活用するための第一歩です。

先生が教科書の文を書いてきたので、読んでみましょう。

C　絵がないと、分かりづらいな…。

C　「つぼみ」と「うみのかくれんぼ」も、写真があった方が分かりやすかったから、写真か絵があった方がいい。

C　「問いと答え」が出てくるところは同じだね。

今までの説明文と同じところによく気が付きましたね。「問い」の言葉はどこに書いてありますか？

C　「それぞれのじどう車は、どんなしごとをしていますか。」だね。

C　その次に、「そのために、どんなつくりになっていますか。」と書いてある。これも質問しているから、「問い」だね。

C　「問い」が２つあるところが、今までの説明文と違うね。

「問い」が２つある説明文は初めてですね。では、「答え」を探してみましょう。

C　「バスやじょうようしゃは、人をのせてはこぶしごとをしています。」って書いてある。これが、「しごと」。

C　「ざせきのところが、ひろくつくってあります。」が「つくり」。

C　座席が広いから、人がたくさん乗れるんだ。

C　最後の文は、「大きなまどがたくさんあります。」だから、「しごと」じゃない。これも「つくり」。

答えの１つ目を「つくり①」、２つ目を「つくり②」と呼びましょう。大きな窓がついていると、どんないいことがあるのでしょうか？

C　外の景色がよく見えると、31ページに書いてあるよ。

C　遠足でバスに乗ったときも、外の景色が見えて楽しかったよ。

C　座席に乗っている人が楽しめるように、大きな窓がたくさんあるんだね。

※ P38 参照

「しごと」と「つくり①」と「つくり②」があり、分かりやすい説明ですね。実は［　　　］には、ある言葉が入ります。どんな言葉か分かりますか？

☞Point
教科書 p.30.31 を板書する。その際、意識させたいポイント（資料「挿絵」と接続詞「そのために」）をあえて抜いた状態で板書して、注目できるようにしていきます。

☞Point
「問いと答え」について学ぶのは、３回目なので、子どもたちから自然に意見が出ることを想定しています。意見として出てこない場合は、発問で促していきましょう。
→『つぼみ』や『うみのかくれんぼ』と同じところはありますか。」や、『つぼみ』や『うみのかくれんぼ』は、問いがありました。『じどう車くらべ』はどうでしょうか。」などが考えられます。

☞Point
２文目「ざせきのところが、ひろくつくってあります。」と３文目「大きなまどがたくさんあります。」のつながりを捉えるためには、（知識・体験）を語る必要があります。「つくり②があると、どんないいことがあるでしょうか。」という発問で、文章理解を補いましょう。

→次時以降のトラックとクレーン車も同様に発問し、２文目と３文目のつながりを理解できるよう促すことが大切です。

C　教科書のバスの説明には、「そのために」と書いてあるよ。

C　最初の「問い」のところにも、「そのために、どんなつくりになっていますか。」と書いてある。

☞Point

「しごと」と「つくり」の因果関係の（順序）が、「そのため」にという接続詞で分かりやすくつないでいます。

「しごと」と「つくり」を、「そのために」という言葉がつないでくれるのですね。新しい発見です。

[6 時間目] ― （順序）のスイッチを活用し、次の単元へつなげる―

学習活動		指導のポイント

> 「じどう車くらべ」の説明の順番について考えよう

3つの自動車の説明について学習をしてきました。出てきた自動車を確認しましょう。

C　先生が黒板に貼った絵は、順番が違う。

C　教科書は、クレーン車が最後で、乗用車が最初だよ。

☞Point

身近さの（順序）に目を向けられるようにするために、順序をばらばらにして挿絵を黒板に提示します。そうすることで、子どもたちから「順番が違う！」という言葉を引き出し、自然と（順序）の学習へと展開しましょう。

順番が違うことによく気が付きましたね。では、クレーン車、トラック、乗用車の順に読んでみましょう。

C　なんか変だな。

C　初めて聞いた人は、変だと思わないよ。

C　いきなりクレーン車が出てくるから、すご〜い！と思う。

クレーン車が最初だと、すごい感じがするという意見が出ました。なぜそう感じるのでしょうか？

C　クレーン車は大きいから。

C　バスや乗用車とトラックと違って、クレーン車は「じょうぶなうで」と、「しっかりとしたあし」がある。

C　しっかりとした足があるから、重いものを吊り上げても、ぐらぐらしないんだよね。

☞Point

クレーン車から読んでみた感想を自由に話し合う中で、「クレーン車から出てくるとすごいと思う。」という意見が出ることを想定しています。出てこない場合は、もう少し焦点を絞った発問に変えるのもいいでしょう。
→「クレーン車から読むと、すごいところがいっぱいあったね。どんなところがすごいと思った？」

これだけすごい自動車なら、みんなのおうちにもあったら便利そうですよね。

C　家に置くところがないから、いらないよ。

☞Point

クレーン車はすごいところがたくさんあることを押さえた上で、3種類の中では一番身近ではない

C　あっても、使うことがないと思う。

C　乗用車なら、私の家にあるよ。お買い物のときに便利だよ。バスもお買い物のときも使うよ。

C　だから、バスや乗用車から説明しているのかな。

　みんなにとって身近な順番で書いているんですね。では、トラックとクレーン車はどちらが身近ですか？

C　トラックは登校するときに毎日見るよ。

C　引っ越しのときや、大きいものを買ったときに運んでくれるよ。

C　「バスやじょうよう車」「トラック」「クレーン車」は、みんながよく見る順番になっているんだね。

　「じどう車くらべ」の説明の順番は、身近な順番で説明してあるということが、今日の発見でした。

ことに気付けるよう促していきます。

☞Point
身近な乗り物の順番で説明が進むことを確認して、次の単元「じどう車ずかんをつくろう」につなげましょう。

❻　今後の教材につながるスイッチ

スイッチ	つながる教材
順序	「たんぽぽのちえ」（2年）→「どうぶつ園のじゅうい」（2年）など
知識・体験	「どうぶつの赤ちゃん」（1年）など
題名・話題	「どうぶつの赤ちゃん」（1年）→「たんぽぽのちえ」（2年）など
資料	「どうぶつの赤ちゃん」（1年）→「たんぽぽのちえ」（2年）など
問いと答え	「どうぶつの赤ちゃん」（1年）→「たんぽぽのちえ」（2年）など
カギことば	「ロボット」（2年）→「すがたをかえる大豆」（3年）など

 発展的に取り上げたいスイッチ

1年生の11月ともなると文章もだいぶ長くなり、出てくる言葉の数も増えてきます。だからこそ、文章の 使用語句 と子どもの日常語句の距離を見つめる必要があります。最後のクレーン車の説明では、「じょうぶなうで」が「のびたり」「うごいたり」と書かれていますが、具体的にクレーン車のどの部分が、どのような状態になることをいうのでしょうか。「しっかりとしたあし」も同様です。絵の中のどの部分かを説明したり、動作化をしたりして、 使用語句 の一つ一つを丁寧に見つめ、より深い内容理解に導きましょう。

1年

「じどう車くらべ」

「どうぶつの赤ちゃん」

① 単元の目標

　　共通、相違、事柄の順序など、情報と情報の関係について理解し、ライオンの赤ちゃんとしまうまの赤ちゃんについて、分かったことを伝え合うことができる。

② 本単元で働かせるスイッチ

[◎習得スイッチ]

比較

[○活用スイッチ]

題名・話題　問いと答え

資料　知識・体験

③ 教材の特徴とスイッチ

　　1年生で学習する最後の説明文です。この単元での学習が、2年生以降の説明文の学習をする際の土台となってきます。だからこそ、子どもたちが1年間で習得したスイッチを活用し、「説明文のしくみを学習すること」と「説明文そのものを読むことの楽しさ」の両方を実感できるような展開を探っていきたいと思います。

▶「問い」から「答え」へ、「比較」して読むことの楽しさを知る

　　「どうぶつの赤ちゃん」は、「どんなようすをしているのでしょう。」「どのようにして、大きくなっていくのでしょう。」という2つ　問い　が書かれています。子どもは、その　答え　を探そうと読み進めるでしょう。これまでと同じような学習と思われるかもしれませんが、実は大きく異なるところがあります。それは「比べる」ということです。何かを説明する際には、　比較　することで、より説明する事象の特徴が明確になるものです。学習指導要領解説にも、「共通」と「相違」について理解することが示されており、そのためにも、この　比較　スイッチは欠かせません。

　　もし、この「どうぶつの赤ちゃん」という教材文が、しまうまの赤ちゃんの紹介だけだったらどうでしょうか。しまうまの赤ちゃんが早く成長するという驚きはあ

44

るものの、ライオンの赤ちゃんと 比較 したときほどの驚きは少ないかもしれません。ライオンの赤ちゃんは、目や耳は閉じたまま生まれてくる。生まれてすぐは歩くことができないから、お母さんが運んでくれる。百獣の王という言葉の印象とは真逆で、ライオンの赤ちゃんにはかわいらしさがある。その事実を知ったからこそ、しまうまの赤ちゃんの特徴がより強調できるというわけです。

その象徴となる言葉が、次の2つの文の中にあります。

・しまうまの赤ちゃんは、生まれたときに、もうやぎぐらいの大きさがあります。
・しまうまの赤ちゃんが、おかあさんのおちちだけのんでいるのは、たった七日ぐらいのあいだです。

「もう」や「たった」という言葉がなくても文章は成立しますが、しまうまの特徴を強調するためにあえて入っているのです。そうした言葉にも着目し、 比較 して読むことの楽しさを子どもたちとともに味わえるとよいですね。

▶ 「知識・体験」を絡めて「比較」することで、より深い読みへつなげる

本単元は、いろいろな動物の赤ちゃんを比べて読み、分かったことを伝え合う学習を行います。そのためには、様々な図鑑を読み、「ペンギンの赤ちゃんって、ライオンの赤ちゃんと違って…」や「パンダの赤ちゃんは、しまうまの赤ちゃんと同じで…」などのように、 比較 を通して得た新しい発見について語り合い、「説明文そのものを読むことの楽しさ」を味わうことを大切にしたいと考えました。

あわせて大切にしたいことは、 比較 する際に、 知識・体験 を絡めることです。たとえば、しまうまの赤ちゃんは生まれた次の日には走るようになる、ということについて考える際、「自分が赤ちゃんだった頃」を想像するとどうでしょうか。しまうまのすごさを感じると同時に、「敵から逃げる必要性」の有無にも気が付きます。そのことから、「しまうまの赤ちゃんは生まれた次の日から走ることができてすごい。」という読みを、「生きていくために、敵から逃げなくてはいけない。」という、より深い読みに導くことができます。

単元計画（全10時間）

時	学習活動	習得／活用スイッチ
1・2	○教材「どうぶつの赤ちゃん」を読み、学習の見通しをもつ。 ・いろいろな動物の赤ちゃんの写真を見て、動物の赤ちゃんへの興味・関心をもち、学習課題を確認する。（1時間目） ・初めて知ったことや不思議に思ったことを話し合う。（2時間目）	題名・話題
3〜6	○ライオンとしまうまの赤ちゃんの様子や成長を比べて読む。 ・ライオンの赤ちゃんの「生まれたばかりのようす」「大きくなっていくようす」を観点ごとにまとめる。（3・4時間目） ・しまうまの赤ちゃんの様子や成長について、ライオンの赤ちゃんと比べながら読み取る。（5・6時間目）	知識・体験 問いと答え 比較
7〜10	○他の動物の赤ちゃんについても違いを調べ、学習をまとめる。 ・P88〜89の「もっとよもう」をもとに、カンガルーの赤ちゃんの様子や成長をまとめる。（7時間目） ・他の動物の赤ちゃんについて書かれた本を読み、ライオンとしまうまとの違いを発表し合う。（8・9時間目） ・学習を振り返る。（10時間目）	資料 比較

⑤ スイッチを働かせた授業の姿

［5時間目］ ── 知識・体験 を通して 比較 をし、しまうまの赤ちゃんの様子を読み深める──

学習活動	指導のポイント

しまうまの赤ちゃんの「生まれたばかりの様子」について読み取ろう

しまうまの赤ちゃんの説明を読んで、ライオンの赤ちゃんと違うなと思うところを発表しましょう。

C 「ライオンの赤ちゃんは、生まれたときは、子ねこぐらいの大きさ」と書いてあるよ。

C 比べると「しまうまの赤ちゃんは、生まれたときに、もうやぎぐらいの大きさ」と書いてある。

C しまうまの赤ちゃんの文だけ、「もう」という言葉がある。

☞Point
「しまうまの赤ちゃんは、生まれたときに、もうやぎぐらいの大きさがあります。」の「もう」が、ライオンとの 比較 であることを捉えていきます。

確かに「もう」という言葉が入っていますね。「もう」があると、どんな感じがしますか？

C 「もう」があると「いきなり」という感じがするよね。ライオンの赤ちゃんより大きいからびっくりするよ。

C 人間の赤ちゃんとも全然違うね。やぎぐらいの大きさなんて絶対ないよ。僕が生まれたときは、まだすごく小さかったよ。

C 最初は小さくて、だんだん大きくなっていくのが普通だけど、しまうまの赤ちゃんはいきなり大きく生まれてくるから、「もう」がついているんだね。

人間の赤ちゃんと比べて読むと、びっくりするところがたくさんあっておもしろいですね。「大きさ」の次は「目や耳」を読んでいき、考えましょう。

C 目や耳も、ライオンの赤ちゃんとは全然違うよ。ライオンの赤ちゃんは閉じたままだけど、しまうまの赤ちゃんは、「目はあいていて、耳もぴんと立っています。」と書いてある。

C お母さんにそっくりというところも、ライオンの赤ちゃんとは違うね。たしかに83ページの絵は、お母さんにそっくり。

C ライオンの赤ちゃんは口にくわえて運んでもらっていたけど、しまうまの赤ちゃんは、「生まれて三十ぷんもたたないうちに、じぶんで立ち上がります。」と書いてあるよ。びっくりしたよ。

C しかも、「つぎの日には、はしるようになります。」だって。

「大きさ」を話し合ったときのように、人間の赤ちゃんと比べてみると、どうですか？

C 人間の赤ちゃんだったら、まだ病院で寝ているよ。

C 人間の赤ちゃんは、大人が面倒を見てくれるから、走らなくても平気なんだよね。

C しまうまの赤ちゃんは、「だから、つよいどうぶつにおそわれても、おかあさんやなかまといっしょににげることができるのです。」と書いてあるから、敵から逃げなきゃいけないんだよ。

C すぐに大きくなるのも、そのためなんだね。

☞ Point
「もう」があるときとないときで感じ方の違いを比べるのもよいでしょう。

☞ Point
(知識・体験)を絡めた発言を価値付けながら、残り4つ（目、耳、お母さんに似ているか、移動の仕方）について話し合います。子どもたちから出てこない場合は、「お母さんに似ていますか？」や「移動の仕方はどうだったかな。」などのように教師が順番に確認していくことも考えられます。

☞ Point
先ほどの話し合いで気付いた、自分の(知識・体験)をもとに話し合うことのよさを、ここでさらに実感できるよう、発問で促します。

1年

「どうぶつの赤ちゃん」

しまうまの赤ちゃんの「生まれたばかりのようす」は、ライオンや人間の赤ちゃんと比べると、違うところがたくさんありますね。

C　ライオンの赤ちゃんのお話だけを読んでいるときより、しまうまの赤ちゃんと比べて読む方がおもしろかった。

C　「比べて読む」ことは大事なんだね。

☞ Point
比べて読むよさを子どもの言葉でまとめ、（比較）のスイッチを今後も活用できるようにしましょう。

[**7時間目**]　―（資料）や（比較）を通して、カンガルーの赤ちゃんの読みを深める―

学習活動	指導のポイント

カンガルーの赤ちゃんについて書かれている文章を読み、分かったことを伝え合おう

動物の赤ちゃんのことを詳しく知るためには、どのように読むとよかったでしょうか？

C　ライオンの赤ちゃんとしまうまの赤ちゃんを比べて読む。

C　「生まれたばかりのようす」と「大きくなっていくようす」に注目して読んだら、発見がいっぱいあったよね。

C　しまうまの赤ちゃんが生まれたときに、もうやぎぐらいの大きさがあるのは初めて知ってびっくりしたよ。

C　人間の赤ちゃんと比べると、さらにすごいところが分かったよ。

☞ Point
前時の学習を振り返ることが、本時の学習で大切になってきます。次の2点について、しっかりと確認をしておきましょう。
①「生まれたばかりのようす」と「大きくなっていくようす」について読み取ること。
②比べながら読むこと。（しまうま・人間の赤ちゃんと）

ライオン、しまうま、人間の赤ちゃんと比べながら、カンガルーの赤ちゃんを読んでいきましょう。

C　生まれたばかりの様子は、「大きさ、目、耳、親に似ているか、移動の仕方」の順番だったから、まずは大きさをまとめよう。

C　「たいへん小さくて」と書いてあるね。重さが一円玉ぐらいということは、カンガルーの赤ちゃんはすごく軽いんだね。

C　絵を見るとよく分かるよ。大きさも一円玉と同じくらいだよ。

☞ Point
ここでは（資料）である絵を見るのが効果的です。絵からは一円玉と同じ大きさだということも分かります。これも、カンガルーの赤ちゃんと一円玉の（比較）の効果です。

今までと違うことも書いてあるということが分かりましたね。

C　「目も耳も、どこにあるのか、まだよくわかりません。」と書いてあるね。そのぐらい小さいということかな。

☞ Point
教材文は、「生まれたばかりの様子」について5つの項目で書かれていましたが、次時以降に読む図鑑では、その項目通りになっているとは限りません。違う項目

C　ライオンやしまうまの赤ちゃんと全然違うね。

C　「おなかのふくろにまもられてあんぜんなのです。」というところも、ライオンやしまうま、人間の赤ちゃんとは全然違うね。

C　他の赤ちゃんは、体が外に出ているけど、カンガルーの赤ちゃんは、お母さんのおなかのふくろに守られているから安心だね。

ライオンやしまうまの赤ちゃんと比べてみて、分かったことやびっくりしたことを伝え合いましょう。

C　カンガルーの赤ちゃんは、ライオンやしまうまの赤ちゃんと違って、お母さんのふくろに守られているのがいいなと思ったよ。

C　お乳を飲むのは、ライオンとしまうまの赤ちゃんと、人間の赤ちゃんも同じだけど、ふくろの中で飲むのがすごい。

C　比べて読むと、いろいろな発見があっておもしろいね。

が出てきたときには、表のどの部分に、どうやって書けばよいのか、カンガルーの「おもさ」を例にして、クラスのルールとして確認しておくとよいでしょう。なお、「大きくなっていくようす」については、まずは一人で表にまとめ、その後全体で確認するようにします。

6　今後の教材につながるスイッチ

スイッチ	つながる教材
比較	「思いやりのデザイン／アップとルーズで伝える」（4年）など
題名・話題	「たんぽぽのちえ」（2年）→「どうぶつ園のじゅうい」（2年）など
問いと答え	「たんぽぽのちえ」（2年）→「ロボット」（2年）など
資料	「たんぽぽのちえ」（2年）→「どうぶつ園のじゅうい」（2年）など
知識・体験	「文様／こまを楽しむ」（3年）など

 発展的に取り上げたいスイッチ

今まで学習してきた3つの説明文との大きな違いとして、 筆者 の名前が初めて登場するということも挙げられます。「どうぶつの赤ちゃん」の 筆者 は、ますいみつこさん。獣医師さんで、東京都恩賜上野動物園園長、横浜市立よこはま動物園園長などを歴任された方です。コウノトリをはじめ、希少動物の人工繁殖や野生復帰に力を尽くした方が、「どうぶつの赤ちゃん」の説明文で読者に何を知ってもらいたかったのか。そのために、どんな工夫をして書いているのか。その点について話し合ってみたり、 筆者 の関連図書を読んでみたりするのも、おもしろそうですね。

「たんぽぽのちえ」

2年

❶ 単元の目標

　時間の順序を考えながら内容の大体を捉え、たんぽぽのちえを読んで思ったことを書くことができる。

❷ 本単元で働かせるスイッチ

[◎習得スイッチ]
文末　物語的表現
使用語句

[○活用スイッチ]
資料　問いと答え
順序

[・定着スイッチ]　題名・話題

❸ 教材の特徴とスイッチ

　「たんぽぽ」という言葉を聞いて、その姿を想像できないという人はあまりいないのではないでしょうか。たんぽぽのちえを知ることを楽しみながら、新しいスイッチを習得できるように工夫していきましょう。

▶ 身近さの「順序」から、時間的な「順序」へ

　今回学習する「たんぽぽのちえ」は、たんぽぽという１つのものについて、その成長過程が時系列で説明されています。そのためには、１年「じどう車くらべ」で身に付けた 順序 を働かせながら、説明の 順序 に目を向けることが大切です。低学年で身に付けたい 順序 は、「じどう車くらべ」で習得した「身近なものの順序」と、本教材「たんぽぽのちえ」で学習する「時間的な順序」です。「春になると」や「二、三日たつと」などの言葉に着目しながら、時間的な 順序 で説明すると読者が分かりやすいということに気付けるようにしましょう。

▶ 「文末」から「ちえ」の段落と「わけ」の段落を学ぶ

　１年生で学習した説明文との違いとして、次に挙げられるのは、 文末 です。

1年生の説明文は、（文末）が「です。」「ます。」であることがほとんどでした。

　「たんぽぽのちえ」を見ると「です。」「ます。」の他に、「のです。」「からです。」という（文末）があることが分かります。「のです。」「からです。」は、読者に対して強く訴えかけ、説得しようとする筆者の意図が感じられる強い（文末）です。

　このスイッチを働かせて、「です。」「ます。」で終わっている段落は、たんぽぽの「ちえ」について説明している段落であること。それに対して「のです。」「からです。」で終わっている段落は、ちえの「わけ」について説明している段落であることを学ぶことができます。その際、「のです。」は、「このように～のです」とまとめる形で最終段落に出てくることが多い点にも目を向けられるようにしましょう。

▶「物語的表現」を味わい、たんぽぽの成長の様子を読み取る

　1年生で学習した説明文との違い。最後に挙げられるのは、（物語的表現）が散りばめられていることです。「花のじくは、ぐったりとじめんにたおれてしまいます。」や「花とじくをしずかに休ませて、～」などは、たんぽぽを擬人化した表現です。他にも、「ふわふわ」や「ぐんぐん」などのオノマトペや、「らっかさんのように」という比喩も使われています。筆者は、（物語的表現）を使用することで、難しい内容をできるだけ分かりやすく、そして読者が途中で飽きないように工夫を凝らしています。だからこそ、（物語的表現）で立ち止まり、言葉の意味を考えることで、説明文をさらに身近に感じることができるようにしていきたいです。

▶「らっかさんのように」はイメージできる？子どもの「使用語句」に注意！

　ただし、（使用語句）には注意が必要です。5段落に「このわた毛の一つ一つは、ひろがると、ちょうどらっかさんのようになります。」と、想像を膨らませる比喩を用いて書かれています。「たんぽぽのちえ」が初めて教科書に掲載されたのは、昭和46年度版。その頃の子どもには、らっかさんをイメージできたのでしょうが、今の子どもには馴染みのない言葉となっています。そのため、教科書では文章の下部にらっかさんの絵を載せ、子どもの理解を助けています。文章の（使用語句）と子どもの日常語句との距離があるのならば、絵の掲示や辞書の活用などで全員の共通理解を図ることが大切です。

④ 単元計画（全10時間）

時	学習活動	習得／活用スイッチ
1・2	○教材「たんぽぽのちえ」を読み、学習の見通しをもつ。 ・初めて知ったことを発表し合う。（1時間目） ・学習課題を設定し、学習計画を立てる。（2時間目）	
3〜8	○たんぽぽが、いつどんなちえを働かせているのかを捉える。 ・1、2、4、6段落を並べ替え、「様子を表す言葉」と「時間を表す言葉」の大切さに気付く。（3・4時間目） ・3段落と5段落が、たんぽぽのちえのわけについて説明していることに気付く。（5時間目） ・7〜10段落を読み、文末表現の工夫を知る。（6時間目） ・文末表現に着目して、たんぽぽのちえにどんなわけがあるのかを読む。（7時間目） ・感心した「たんぽぽのちえ」を選び、なぜそう思ったのか自分の考えを書いたものを友達と読み合う。（8時間目）	（資料） （物語的表現） （順序） （文末） （問いと答え） （使用語句）
9・10	○ P55「じょうほう」を読み、説明するときの順序の種類や、効果を確かめ、学習をまとめる。 ・身の回りの出来事を、順序を考えながら話す。（9時間目） ・学習を振り返る。（10時間目）	（順序）

⑤ スイッチを働かせた授業の姿

［3・4時間目］ ―（資料）と（物語的表現）に着目して（順序）を考える―

学習活動	指導のポイント

「たんぽぽのちえ」が、どのような順番で書かれているかを考えよう

「たんぽぽのちえ」は、どのような順番で書かれているか、4つの短冊を見て、考えてましょう。

C 最初はたんぽぽが咲いている絵だから、「春になると、たんぽぽの黄色いきれいな花がさきます。」だと思うな。

C 次は花が倒れている絵だから、「二、三日たつと〜」の短冊だね。

C 「二、三日たつと〜」と書いてあるから、たんぽぽが咲いてから二、三日後の話だということが分かる。

C そうして、花のじくはぐったりと地面に倒れてしまうんだね。

☞Point
形式段落1・2・4・6の文を短冊にしたものを掲示し、挿絵を見比べながら、並べ替えを行っていきます。今回は全体での学習を計画しましたが、子どもたちの実態によっては、個別の学習にしてもおもしろいかもしれません。

ただ倒れるのではなくて、「ぐったりと」倒れてしまうんですね。「ぐったりと」はどんな感じですか？

C　絵に描いてあるみたいに、地面にぺったりくっついている感じ。

C　「ぐったりと」って、疲れているときに使うよね。

C　たんぽぽが疲れているはずないのに、「ぐったりと」倒れてしまいますと言っているところがおもしろいね。

➮ Point
「ぐったりと」という言葉で立ち止まり、たんぽぽを擬人化している（物語的表現）のおもしろさを味わえるように促します。

2 年

「たんぽぽのちえ」

「ぐったりと」のように、様子が詳しく分かる言葉があると、楽しく読めますね。残りの短冊の並べ替えでも、様子が詳しく分かる言葉にも注目しましょう。

C　花のじくが倒れた後は、「やがて、花はすっかりかれて〜」がくると思うな。

C　「花のじくは、ぐったりとじめんにたおれてしまいます。」の後に「このころになると〜」がくると、倒れてすぐ起き上がることになっちゃうよ。

C　だから、「やがて、花はすっかりかれて〜」が先にくるんだね。

➮ Point
子どもたちの話し合いの中で、「やがて」や「このころになると」があると（順序）が分かりやすいということを取り上げて話し合っていたら、その点を価値付けましょう。

「ぐったりと」のように、じくが起き上がる様子がよく分かる言葉はありますか？

C　「せのびをするように、ぐんぐんのびていきます。」だって。

C　たんぽぽがせのびをするって、なんだかおもしろい。

C　ただ「のびる」のではなくて、「ぐんぐんのびて」というのが元気いっぱいまっすぐ伸びる感じがするね。

➮ Point
（物語的表現）である様子が詳しく分かる言葉について目を向けられるよう、「ぐったりと」につなげる発問を意図的にします。さらに、「背伸びはどういう感じ？」「ぐんぐん伸びてはどのぐらい伸びていくんだろう。」というように、発問や動作化を通して読みを深めていきましょう。

並べ替えが終わりました。「たんぽぽのちえ」の説明は、どのような順番に並んでいますか？

C　「じどう車くらべ」は、身近なものの順番だったけど、「たんぽぽのちえ」は、そういう順番ではないね。

C　たんぽぽが咲いて、枯れて、綿毛になるという順番だった。

C　たんぽぽの一生という感じがするね。

育っていく順番に書いてあるんですね。たんぽぽが育つ順番が分かる大切な言葉はありますか？

➮ Point
「じどう車くらべ」では身近なものの（順序）だったことを想起しながら、「たんぽぽのちえ」は時間の（順序）で書かれているので、

C 46ページの1行目、「春になると」も時間を表しているよ。

C 48ページの後ろから2行目、「やがて」もそうだね。

C 49ページの5行目「このころになると」もそうかな。

 「春になると」や「二、三日たつと」のような言葉を、「時間を表す言葉」といいます。

時間を表す言葉が使われていることに気が付けるようにします。

[6時間目] ― 文末 から10段落の役割を捉える―

最後の段落をくわしく読み取ろう

 「たんぽぽのちえ」を学習してきました。その中で、どのような言葉に気を付けて読んできましたか？

C 「春になると」や「二、三日たつと」みたいな、時間を表す言葉に注目したよ。そうすると、順序が分かりやすかったよね。

C あと、たんぽぽの様子がよく分かる言葉もあった。

C 「ぐったり」や「せのびをするように」という言葉があると、おもしろいよね。

 時間を表す言葉、様子がよく分かる言葉に注目しながら、7～10段落も読んでみましょう。

C 「よく晴れて、風のある日には、わた毛のらっかさんは」という文は、花のじくが起き上がった後のことを言っているから、時間を表す言葉に入りそう。

C その続きで、「でも、しめり気の多い日や、雨ふりの日には」という言葉も時間を表していると思うな。

C 様子を表す言葉は、5段落で出てきた「らっかさんのように」という言葉があると思う。

C 「らっかさん」は、絵が載っていたから様子が分かりやすい。

C パラシュートみたいな感じだよね。

 そうでしたね。今日は新しく、文の最後の言葉に注目してみます。10段落を見てみましょう。

☞Point
前回の学習で注目した2種類の言葉（①様子が詳しく分かる言葉、②時間を表す言葉）をまずはしっかりと思い出すことが大切です。その上で、今回の学習課題に出合うことで、前回と今回の違いに気付くことができます。

☞Point
「段落」という用語が教科書に出てくるのは3年生からですが、この段階で教えても問題はありません。本書でも、各スイッチの活用や定着を図るため、あえて2年生から「段落」を使って授業の姿を記述しています。

☞Point
「らっかさん」は2年生にとって少し理解が難しい言葉です。文章の「使用語句」と子どもたちの日常語句との距離を、「資料」（ここでは絵）が縮めてくれたことを確認しましょう。

☞Point
新しく注目してほしいポイントとして、文末 を取り上げて

C　最初の文は、「このように、たんぽぽはいろいろなちえをはたらかせています。」だね。

C　次の文は、「そうして、あちらこちらにたねをちらして、新しいなかまをふやしていくのです。」で終わっているよ。

　「新しいなかまをふやしていきます。」と、「新しいなかまをふやしていくのです。」では、感じ方に違いはありますか？

C　「ふやしていきます。」は、優しく言っている感じ。

C　「ふやしていくのです。」だと、偉い人が言っている感じがする。

C　「ふやしていくのです。」は、「たんぽぽはあちらこちらにたねをちらして、新しい仲間を増やしていく」ということを、みんなに分かってほしいと思っている感じがするよ。

　「〜のです。」は、強く言いたいときに使います。10段落は大事なことを言っているということですね。大事だよ、という目印になる言葉がもう1つあります。

C　1〜6段落を読んだときに、文の最初にくる言葉に注目するといいと学習したよね。

C　だから、10段落は、「このように」が大切だと思うよ。

C　「このように」は、「たんぽぽのちえ」全体をまとめているみたいだね。

いきます。

☞Point
「のです。」を「です。」「ます。」に変えて比べて読み、 文末 の印象の違いについて話し合います。この発問を通して「新しいなかまをふやしていくのです。」の方が、強い言い方に感じるということを共通理解しましょう。

☞Point
3〜5時間目の読み取りで段落の最初にくる言葉に着目したことを想起するとよいでしょう。「このように〜のです。」は説明文の最後にセットで使われることがよくあります。

⑥　今後の教材につながるスイッチ

スイッチ	つながる教材
文末	「どうぶつ園のじゅうい」（2年）→「ロボット」（2年）など
物語的表現	「どうぶつ園のじゅうい」（2年）→『鳥獣戯画』を読む」（6年）
使用語句	「ありの行列」（3年）など
資料	「どうぶつ園のじゅうい」（2年）→「ロボット」（2年）など
順序	「どうぶつ園のじゅうい」（2年）など
問いと答え	「ロボット」（2年）→「文様／こまを楽しむ」（3年）など

「どうぶつ園のじゅうい」

2年

① 単元の目標

「どうぶつ園のじゅうい」の内容と自分の体験とを結び付けて、考えたことを話すことができる。

② 本単元で働かせるスイッチ

[◎習得スイッチ]
筆者　主語と述語・係り受け

[○活用スイッチ]
資料　文末　物語的表現　順序

[・定着スイッチ]　題名・話題

③ 教材の特徴とスイッチ

「どうぶつ園のじゅうい」は、前単元「たんぽぽのちえ」と同じように、時間的な順序で書かれている説明文です。一日の流れに沿って書かれているので、説明文というよりも、獣医さんの日記を読んでいるような気分になれます。

▶「筆者」の思いに注目する

説明文も物語文同様、書き手の思いを感じられることがあります。この「どうぶつ園のじゅうい」が、まさにその一つです。 筆者 のうえだみやさんは、横浜ズーラシア動物園の獣医さんです。「毎日、「おはよう。」と言いながら家の中へ入り、声もおぼえてもらうようにしています。」という文からは、うえだみやさんの動物に対する愛情が伝わってきます。この教材文から感じられる 筆者 の思いは、動物に対する愛情だけではありません。注目したいのは、この一文です。

> これで、ようやく　長い一日がおわります。

「これで、一日がおわります。」という文と比べることで、うえださんの思いに迫ることができます。うえださんが緊張感をもって仕事に臨んでいることや、深い愛情があるからこそ仕事に情熱を注いでいることなどに気付けるようにしましょう。大

切なのは、（筆者）の思いを感じ取ることができる言葉や文に立ち止まり、考えることです。（筆者）は、本単元で新たに習得させたいスイッチの１つです。

▶「主語と述語」を通して獣医の仕事を知る

　主語と述語。２年生の10月に学習する文のつくりですが、大人になってもその使い方に悩むことがしばしばあります。日本語は、文の主語を省略する傾向が強いという特徴が、難しさの原因の１つとして挙げられるでしょう。

　「どうぶつ園のじゅうい」も、筆者が自分の仕事のことを書いている文章なので、

> どうぶつ園を出る前には、かならずおふろに入ります。

のように、「わたしは」という（主語）が省略されているところが多々あります。だからこそ、この文の主語は「わたしは」であることを押えることが大切です。さらに文末にも注目し、「毎日すること」はすべて現在形であることを確認しましょう。

　その一方で、それぞれの動物の治療については、（主語）が明確になり、「しいくいんさんが〜」と表現されています。このことから、動物たちの治療は「毎日すること」ではなく、「その日だけしたこと」であることが読み取れます。「毎日すること」の文末が現在形であったことに対して、「その日だけしたこと」はすべて過去形になっています。このように（主語と述語）スイッチを働かせることで、仕事を「毎日すること」と「その日だけしたこと」の２種類に分類し、その違いについて考えることを通して、どちらも大切だからこそ、筆者は真摯に取り組んでいるということを感じ取れるようにしましょう。

▶「順序」から内容理解を深める

　教材文の内容を整理するときは、「いつ、どんなしごとをしているのだろう。」という学習課題を設定し、表にまとめていくという学習活動を取り入れます。その際役に立つのが、前単元「たんぽぽのちえ」で身に付けた、（順序）です。段落の最初に書いてある「朝」「見回りがおわるころ」「お昼前に」などの時間を表す言葉に着目しながら、一日の仕事を表にまとめていきましょう。

④ 単元計画（全10時間）

時	学習活動	習得／活用スイッチ
1	○教材「どうぶつ園のじゅうい」を読み、学習の見通しをもつ。 ・動物園や獣医について知っていることや知りたいことを出し合い、学習計画を立てる。	筆者
2〜7	○教材文の内容を表に整理してまとめる。 ・時間の順序に気を付けて、筆者の仕事を表に整理する。 （2・3時間目） ・「なぜかというと」「だから」などの言葉に着目し、筆者がその仕事をしたわけや、工夫したことを見つける。（4時間目） ・教材文を順序や資料と関連付けながら読み、筆者の仕事に対する向き合い方を知る。（5・6時間目） ・「毎日すること」と「この日だけしたこと」を分けて捉え、違いについて話し合う。（7時間目）	順序 資料 文末 主語と述語 物語的表現
8〜10	○筆者の仕事について考えたことを伝え合い、学習を振り返る。 ・獣医の仕事について、発見したことや驚いたこと、もっと知りたいことなどをまとめる。（8時間目） ・まとめたものを発表し、感想を伝え合う。（9時間目） ・学習を振り返る。（10時間目）	

⑤ スイッチを働かせた授業の姿

[5・6時間目] — 教材文を 順序 資料 物語的表現 と関連付けながら読み、筆者の仕事に対する向き合い方を知る—

学習活動	指導のポイント

筆者のうえだみやさんは、どんな思いで仕事をしているかを考えよう

 前回は「しごとをしたわけや工夫」について考えました。それぞれの動物に接するときの工夫についてはどうでしょうか？

C　いのししがこわがらないように、機械をそっとお腹に当てているところが優しい。

C　にほんざるが薬を飲めるように、工夫してえさをあげていると

☞ Point
前時の学習を思い出し、本時でも筆者がその仕事をしたわけや工夫を読み取れるようにします。おふろについて、「しごとをしたわけや工夫」があったことを想起

ころも、筆者のうえだみやさんは優しいね。

C ワラビーも同じで、はぐきの治療をするときにあばれないように、3人の飼育員さんに押さえてもらって、工夫して治療をしている。

 3人の飼育員さんに押さえてもらっている写真が教科書にも載っていますね。ワラビーの気持ちになると、なんだかかわいそうな気もしますが…。

C かわいそうだけど、治療しないと歯茎がもっと腫れちゃうからもっとかわいそうなことになっちゃうよ。

C 押さえているのはいじわるしているんじゃなくて、ワラビーのためにやっていることなんだね。

C やっぱり、うえだみやさんは優しいな。

 ペンギンの治療の仕方にも、筆者のうえだみやさんの優しさが分かるところはありますか？

C 「いのちにかかわるたいへんなことです。大いそぎでびょういんにはこびました。」って書いてあるよ。

C 明日でもいいやと思うのではなくて、大急ぎで病院に行ったから、ペンギンの命が助かったんだね。

C 「そっとボールペンをとり出しました。」の「そっと」にも優しさが表れていると思う。

C 129ページの最後に「ひとあんしんです。」と書いてあるよ。「早めに手当てができた」ことに筆者のうえだみやさんもほっとしているんじゃないかな。

 うえださんは、その後はどんな仕事をしていますか？

C その後、仕事の終わりに日記を書いたりお風呂に入ったりしているよ。

C 日記は、次に同じようなけががあったときに、よりよい治療をすることができるように書いているからすごいな。

C お風呂に入るのは、動物の体についている病気のもとを外にもち出さないようにするためだから、うえださんは責任感がある！

し、それぞれの動物についても同様に読み取っていけるよう促します。

☞ Point

発問や 資料 を通して、ワラビーを3人の飼育員で押さえている様子について、詳しく考えられるようにします。そこから、ワラビーのためを思って治療をしていることを捉えていきます。

☞ Point

「ひとあんしんです。」からうえださんの気持ちが伝わります。この文がある場合とない場合を比べて考えると、うえださんの思いや仕事への責任感などを捉えられるでしょう。また、「そっと」という 物語的表現 に立ち止まって考えてみるのもよいですね。

☞ Point

一日の終わりの仕事についても、「しごとをしたわけや工夫」を話し合います。日記やお風呂に入ることは、自分自身のためだと思っている2年生がほとんどでしょう。そうした生活経験と筆者の説明のずれから、筆者の仕事に対する向き合い方を感じとることができます。

そして最後の一文です。「これで、一日がおわります。」ではなく、「これで、ようやく長い一日が終わります。」と書いてあるのはなぜでしょうか？

C 「やっと終わった〜。」という感じだと思うな。

C 朝から一日の終わりまで、いろいろな動物の治療をして疲れているんじゃないかな。

C ペンギンの治療の話でも出てきたけど、ちょっと安心していると思う。命にかかわる仕事だから、緊張しているはずだもん。

「ようやく」という言葉からも、うえださんの思いが想像できましたね。

☞ Point

「ようやく」という 物語的表現 や「長い一日」という言葉を手掛かりに、すべての仕事が終わり、緊張感から解放されてほっとしていることを感じられるようにしましょう。言葉を削ってみることで、その言葉がある意味に気付くことができます。

[7時間目] ― 主語と述語 文末 から筆者の仕事の大切さに迫る―

学習活動	指導のポイント

仕事を「毎日すること」と「この日だけしたこと」に分け、違いについて話し合おう

筆者のうえだみやさんの仕事のうち、まず、毎日することを発表しましょう。

C 「朝、わたしのしごとは、どうぶつ園の中を見回ることからはじまります。」と言っているから、うえださんの毎日の仕事だよ。

C 「毎日、『おはよう。』と言いながら家の中へ入り、声もおぼえてもらうようにしています。」と言っているから、朝の見回りも、うえださんの毎日の仕事だと思う。

C 一日の仕事の終わりに書く日記も、「毎日、きろくをしておくと〜」と言っているから、うえださんの毎日の仕事だね。

C 「かならずおふろに入ります。」と「かならず」があるから、お風呂もうえださんの毎日の仕事だ。

「うえださんが」と書かれていなくてもうえださんの毎日の仕事が分かりましたね。では、毎日ではない仕事は何でしょうか？

C 「見回りがおわるころ、しいくいんさんによばれました。」と書

☞ Point

本文4行目の「ある日のわたしのしごと」という言葉にふれ、そこから筆者の仕事は、「毎日すること」と「この日だけしたこと」の二種類に分けられることを確認します。今までの学習の中で、子どもたちからそのような気付きがあった場合は、子どもたちの気付きから、本時の学習活動につなげるのもよいでしょう。

☞ Point

この文章は筆者であるうえださんが自分の仕事を書いたものです。そのため、「うえださんが」という 主語 がなくても、誰がした仕事であるか分かることを

いてあるから、いのししの治療は毎日ではないのかな。

C 「けがをしたにほんざるがくすりをのまないと、しいくいんさんがこまっていました。」と書いてあるから、にほんざるの治療も毎日ではないと思う。

C ワラビーとペンギンの治療、「この日だけしたこと」だ。

 治療は毎日ではなく、動物が病気やけがをしたときにするのですね。誰が治療をお願いするのでしょうか?

C いのししの赤ちゃんの最初の文に、「見回りがおわるころ、しいくいんさんによばれました。」と書いてあるよ。

C にほんざるのときは、「しいくいんさんがこまっていました。」だし、ペンギンのときは、「しいくいんさんから電話がかかってきました。」と書いてあるね。

C 全部、飼育員さんからのお願いがあってやっているんだね。

 「毎日すること」と「この日だけしたこと」を比べて気付くことはありますか?

C 「毎日すること」は、動物たちが病気やけがをしたときに治療ができるように、準備している感じがする。

C 「毎日すること」は文の終わりが「〜です」だけど、「この日だけしたこと」は「〜ました」になっている。

C 文の終わりを見ると分かるんだね。

押さえましょう。

2年

「どうぶつ園のじゅうい」

☞Point
「この日だけしたこと」の段落にはすべて、「しいくいんさん」という言葉があることに気付けるように発問しましょう。もし「しいくいんさんが」という言葉がなければ、どのように思うかと発問し、（主語）の必要性を確認することもできます。

☞Point
「毎日すること」は現在形、「この日だけしたこと」は過去形の（文末）で書かれています。
今回の学習を通して（文末）に着目する子どもを育てたいですね。

6 今後の教材につながるスイッチ

スイッチ	つながる教材
筆者	「未来につなぐ工芸品」（4年）→「風船でうちゅうへ」（4年）など
主語と述語・係り受け	「ロボット」（2年）→「ありの行列」（3年）など
資料	「ロボット」（2年）→「すがたをかえる大豆」（3年）など
文末	「ロボット」（2年）→「文様／こまを楽しむ」（3年）など
順序	「紙コップ花火の作り方」（2年）など
物語的表現	「『鳥獣戯画』を読む」（6年）

1 単元の目標

　文章の中の重要な語や文を考えて選び出し、学習したことを生かして、おもちゃの作り方を分かりやすく説明することができる。

2 本単元で働かせるスイッチ

[◎習得スイッチ]

(文種)　(問いかけと投げかけ)
(資料と文の関係)

[○活用スイッチ]

(順序)

[・定着スイッチ]　(題名・話題)

3 教材の特徴とスイッチ

　2年生になって3番目に学習する説明文です。この説明文の最大の魅力はなんといっても、「実際におもちゃを作ることで、説明の分かりやすさを確かめることができる」ということではないでしょうか。さらに、その「おもちゃを作る」という活動は、生活科や図工などの教科と合科的な指導ができるところも大きな魅力の1つです。教材の特徴を生かしながら、スイッチの習得・活用をめざしましょう。

▶「投げかけ」を用いると

　今まで学習してきた説明文の多くは、段落の最初には問いがあり、子どもたちが「問いと答え」を働かせやすいものでした。しかし、今回学習する「紙コップ花火の作り方」の中には、「問いと答え」にあたる表現はありません。ですが、最初の段落に、「紙コップ花火の作り方をせつめいします。」という文があることから、この文章が説明文であることに子どもたちはすぐに気付くでしょう。その上で、今まで学習してきた説明文とは文種が異なり、「説明書」であるということにも目を向けられるようにします。

　そのために、(投げかけ)に目を向けます。「たんぽぽのちえ」で学習した「文

末」に注目してみると、「紙コップ花火の作り方」は、「かきましょう。」「切り分け
ましょう。」「おりましょう。」のように、読者に対して活動を促す〔投げかけ〕に
なっていることに気付きます。読んで終わりではなく、読んだ後、実際に作ってみ
てほしい。だからこそ、読者の行動を促すような〔投げかけ〕が多くなっているの
ですね。まずはそのことを子どもたちと確認し、そこから「分かりやすい説明の工
夫」に目を向けていきましょう。

▶「資料と文の関係」や「順序」に注目する

　では、「分かりやすい説明の工夫」とは、具体的にどのようなものなのでしょう
か。まず、今まで学習してきたすべての説明文では「資料」に着目して読んできま
した。

　しかし、この「紙コップ花火の作り方」の「資料」は、写真の中に補助線や矢印
が入っていたり、文章の中に「しゃしん④のような形」という言葉が出てきたりす
るところが、今までの説明文と大きく違っているところです。〔資料と文の関係〕に
着目し、文と図を対応させることで、説明がより分かりやすくなること。また、最
初に完成形の写真（ゴール）があることで、作る中でイメージがわく効果を発揮し
ていることを押さえましょう。

　さらに、資料だけでなく、使用している言葉にも分かりやすい工夫がたくさん見
られます。１つは、「たんぽぽのちえ」で学習した「まず」「次に」などの、
〔順序〕を表す言葉。そしてもう１つは、「先」「まん中」「はし」などの場所を説
明する言葉や、「半分に」や「一センチメートルのはばで」などの様子を説明する
言葉です。子どもたちが説明文を書く際に意識的に使えるように、こうした言葉に
焦点を当てていくことが大切です。

▶ この「文種」だからこその形式

　最後に触れおきたいのが、この「説明書」という〔文種〕だからこその形式の工
夫です。〈ざいりょうとどうぐ〉〈作り方〉〈楽しみ方〉という項目の立て方は、こ
こで初めて学習します。併せて、材料と道具については文章ではなく、箇条書きの
方が分かりやすい、ということも押さえたいポイントの１つです。

単元計画（全14時間）

時	学習活動	習得／活用スイッチ
1・2	○教材「紙コップ花火の作り方」を読み、学習の見通しをもつ。 ・自分が作ったことのあるおもちゃや、作ってみたいおもちゃを話し合い、教材文を読む。（1時間目） ・学習課題を設定し、学習計画を立てる。（2時間目）	文種
3〜6	○教材文を読んで、分かりやすく伝える説明の工夫を考える。 ・写真①、②の文章を読み、分かりやすく伝える工夫を考える。（3時間目） ・写真③〜⑤の文章を読んで制作し、「順序」を示す言葉の工夫を知る。（4時間目） ・写真⑥〜⑧の文章を読んで制作し、〈　〉を使った項目立てや、〈楽しみ方〉という表現のよさについて考える。 （5時間目） ・筆者の説明の工夫について、考えたことを伝え合う。 （6時間目）	投げかけ 資料と文の関係 順序
7〜9	○説明するおもちゃを決める。 ・材料を確認して、実際に作ってみる。（7・8時間目） ・作り方の順序を確かめる。（9時間目）	順序
10〜14	○おもちゃの作り方を説明する文章を書き、友達と感想を交流する。 ・P50〜51の作例を見て、説明の工夫を考える。（10時間目） ・自分が選んだおもちゃの説明書を作る。（11・12時間目） ・友達と説明書を読み合い、感想を交流する。（13時間目） ・学習を振り返る。（14時間目）	順序 投げかけ

⑤ スイッチを働かせた授業の姿

［3時間目］ ― 投げかけ と 資料と文の関係 から、筆者の工夫をさぐる―

学習活動	指導のポイント
「紙コップ花火の作り方」の説明の工夫について考えよう	

 この説明文は読んでいる人が「やってみたい」と思えるよう、工夫されている文や言葉があります。

☞ Point
子どもたちから発言が出ない場合は、「紙コップ花火というおも

C 「かんたんにできる、紙コップ花火の作り方をせつめいします。」というのがいい。簡単ならやってみようかなって思える。

C 「三つのざいりょう」というのもいいよね。たくさん用意しなくてもいいから、すぐにできそうな気がする。

C 「きれいな花火が出てくる、紙コップ花火というおもちゃ」というのもいい。ただの花火じゃないんだ！という感じ。

 他にも、読んだ人が作ってみたいなと思えるような言葉の工夫が、たくさん出てきます。ですが、もし、次のような文章だったらどうでしょう。

> まず、花火のぶぶんになる紙をじゅんびします。紙を［　　　　］おいて、色えんぴつで、いろいろな線やもようをかきましょう。たくさんの色をつかうと、きれいな花火になります。かきおわったら、紙を［　　　　］切り分けましょう。

C どうやって紙を置けばいいのか分からないな。

C 教科書には、「よこむきに」って書いてあったよ。向きが書いてあった方が分かりやすいね。

 そうですね。それでは、紙を横向きにおいて、次の作業に進みましょう。

C 「紙を切り分けましょう。」と書いてあるから切るんだね。

C これもさっきと同じで、どうやって切るのかが分からない。

C 教科書には「半分に」と書いてあるから、半分に切るんだね。

C 半分といっても縦に半分か、横に半分かが分からない。どうしよう…。

C 写真①を見ると分かるよ。縦になっているね。

C 説明だけだと分からないときには、写真を見るといいんだね。

 「詳しく説明する言葉」と写真に注目すると、分かりやすい説明になるのですね。さらに、他にも注目してほしい言葉があります。文の終わりの言葉です。

C わけを説明している「のです。」「からです。」もないね。

C 新しい言葉で「かきましょう。」とか「切り分けましょう。」が

ちゃがあります。」と「きれいな花火が出てくる、紙コップ花火というおもちゃがあります。」ではどのような違いを感じるかを発問しましょう。

☞ Point
（よこむきに）（半分に）を抜いた状態で本文を掲示し、実際に作業を進めていきます。「よこむき」や「半分に」など、様子を詳しく表す言葉がないと、正しく作ることができない、ということに気付けるようにしましょう。

☞ Point
模様を描く作業を行うと、その後の読み取りの時間が短くなってしまうことが考えられます。子どもの実態に合わせてこの部分は課外に取り組み、本時では写真②の読み取りを丁寧に行いましょう。また、（資料と文の関係）の効果にも気付けるようにすることが大切です。

☞ Point
「たんぽぽのちえ」の学習を想起し、今までの説明文とは違う（投げかけ）の文末表現「〜しましょう。」に注目できるようにします。

あるよ。「〜しましょう。」と呼びかけられているみたい。

C 「〜しましょう。」だと、誘っている感じがする。

C 早くやってみたい！という感じになる。

 写真と文を一緒に読んだり、「〜しましょう」という書き方を筆者がしていたりするから、この説明書は分かりやすいですね。

☞ Point
ここでは、「〜しましょう。」という（投げかけ）の効果について、子どもたちから気付きが出ることを想定しています。「かきます。」「切り分けます。」と比べて、そのよさを実感できるようにしてもよいでしょう。

[10時間目] —説明書の作成にいかせるよう、（順序）（投げかけ）を見つめ直す—

学習活動	指導のポイント

「けん玉の作り方」を読んで、説明書を書くときに使いたいところを見つけよう

 50〜51ページの「けん玉の作り方」を読んで、説明書を書くときに使いたい言葉を探してみましょう。

C 「まず」「つぎに」「それから」があって、分かりやすい。

C 最後に「できあがりです。」と書いてあると、「これで終わりだな。」というのが分かるね。

C 「順番が分かる言葉」を使うのが大事だと「紙コップ花火の作り方」でもやったよね。

☞ Point
今までの学習で学んだことを振り返る場面なので、まずは「けん玉の作り方」を読み、その工夫について個人で考える時間をたっぷりとりましょう。その後、全体で気付いたことを話し合い、（順序）を表す言葉の効果など学びを深めます。

 順番を表す言葉の他に、大切にしたい言葉はありますか？

C 「詳しく説明している言葉」も大切だったよね。

C 「毛糸のはしを、まつぼっくりにまきつけます。」と書いてあるから、どうやって巻けばいいのかが分かりやすい。

C 「紙コップのそこにつけます。」が分かりやすい。「紙コップにつけます。」だと、紙コップのどこにつければいいのかが分からなくて困っちゃうから。「どこに」は詳しく書いた方がいい。

☞ Point
生活科の「おもちゃまつり」で、一年生におもちゃの作り方を教える活動と合科的に行う場合は、「一年生にわかりやすいところを探そう」という視点で話し合ってみるのもいいですね。

 「順番を表す言葉」と「詳しく説明する言葉」は、みんなが説明書を書くときにも、使いたいですね。他にも使いたい言葉はありますか？

C 「とれないように、きつくむすびます。」という言葉が分かりや

☞ Point
子どもたちから意見が出てくることを想定していますが、出てこない場合は、発問で気付きを促しましょう。たとえば、「とれない

すい。ゆるく結ぶととれちゃうから。最初に言っておいてあげたほうが優しい。

C 「ガムテープでしっかりとめます。」も同じだね。

 工夫したい言葉がたくさん見つかりましたね。紙コップ花火で使われていた「〜しましょう。」という言葉がないです。どこかに使えませんか？

C 一番最初の「まず…」のところで、「そして、とれないように、きつくむすびましょう。」にしたいな。

C 「〜しましょう。」じゃないけど、最後の「何回つづけてできるか、数えると楽しいですよ。」っていう言い方が「紙コップ花火の作り方」にはなかった。この言い方がすごくいい。

C 「楽しいですよ。」っておすすめしている感じがするね。

 使いたい工夫がたくさん見つかりましたね。次回からは、それらの言葉を使っておもちゃづくりの説明書を書きましょう。

ように、むすびます。」と「とれないように、きつくむすびます。」では、感じ方に違いがありますか、などの発問が考えられます。

☞ Point
「〜します」から「〜しましょう」の書き換えを通して、(投げかけ) のスイッチを定着できるようにします。また、文章表現以外にも、〈ざいりょうとどうぐ〉〈作り方〉〈遊び方〉という項目立てや、材料を箇条書きしているところなど、説明書の形式にも目を向けましょう。

2年
「紙コップ花火の作り方」

6 今後の教材につながるスイッチ

スイッチ	つながる教材
文種	「ありの行列」（3年）など
問いかけと投げかけ	「ロボット」（2年）など
資料と文の関係	「文様／こまを楽しむ」（3年）など
順序	「文様／こまを楽しむ」（3年）→「すがたをかえる大豆」（3年）など

 発展的に取り上げたいスイッチ

造形作家であるまるばやしさわこさんは、この説明文の (筆者) です。幼児雑誌の付録アイディアプランナーをはじめ、NHK 教育テレビ「キミなら何つくる？」の造形スタッフも担当されています。まるばやしさんのかかわっている作品に触れると、「おもちゃづくりの楽しさを知ってほしい」という思いを感じずにはいられません。まるばやしさんの携わっている本を教室に置いたり、教育テレビの動画を見たりすると、まるばやしさんを身近に感じることができそうです。

「ロボット」

① 単元の目標

　文章の中の重要な語や文を考えて選び出し、ロボットについて分かったことや考えたことを友達に伝えることができる。

② 本単元で働かせるスイッチ

[◎習得スイッチ]

構成

[○活用スイッチ]

問いと答え　カギことば

問いかけと投げかけ　文末

主語と述語・係り受け

[・定着スイッチ]　題名・話題　資料

③ 教材の特徴とスイッチ

　「ロボット」は、「おにごっこ」に代わって、令和6年度より使用する教科書から新しく登場した説明文です。「おにごっこ」と比べると、筆者のメッセージ性を強く感じる文章となっています。教材文と「もっと読もう」を併せて読み、そこから自分の考えをもつという単元の構成も、今まで学習してきた説明文にはありませんでした。教材文の特徴を生かして、新たなスイッチを習得し、身に付けたスイッチを活用しながら、低学年での説明文学習のまとめをしていきましょう。

▶「構成」に着目し、筆者の意図を考える

　『小学校国語　教材研究ハンドブック』には、構成に目を向けることは筆者と対話をすることにつながると書かれています。また、筆者はどんな構成で文章を紡ぐか決める権利をもっており、構成には筆者の意図が込められている、とも書かれています。

　「ロボット」は、「初め - 中 - 終わり」をつかみやすい構成となっています。
　その上でもう少し詳しく見ていくと、「初め」では、「ロボットは、人をたすけて

くれる、かしこいきかいです。」という筆者の考えを示した上で、「どんなロボットがあるのでしょう。」「どんなときに、たすけてくれるのでしょう。」と「問い」が設けられています。「中」では、具体的な例として３つのロボットを示し、「終わり」で結論を述べています。「このように」という接続詞は、「たんぽぽのちえ」で文章をまとめる際に使われることを学びました。そのため子どもは、この段落が「終わり」だと捉えることができるでしょう。また、「終わり」の、「どれも、わたしたちがこまっているときに、たすけてくれるロボットです。」という一文が、「初め」で述べた内容と同じであることに目を向けることが大切です。そこから、読者の納得を得ようとする筆者の構成の意図を感じ取ることができます。

▶「問いかけと投げかけ」の効果を味わう

「終わり」の部分に着目し、もう１つ活用したいスイッチが、 問いかけと投げかけ です。そのスイッチを活用するためには、「紙コップ花火の作り方」で学習したことを想起できるといいですね。

「終わり」の文章を詳しく見ていくと、「これからみなさんは、今より多くのロボットと、いっしょに生きていくようになるでしょう。」「あなたは、どんなロボットがあればよいと思いますか。」「それは、どんなときに、わたしたちをたすけてくれるのでしょうか。」と重ねて 問いかけ ている上に、最後の一文で「ぜひ、考えてみてください。」と 投げかけ ていることに気が付きます。筆者の結論を述べて終わるのではなく、「みなさんは」や「あなたは」という主語を使い、読者である子どもたちを巻きこんで考えさせようという筆者の意図を感じます。まさに 問いかけと投げかけ の効果だということができるでしょう。

▶「題名」と「カギことば」を結び付けて

これら２つのスイッチだけでなく、今まで学習したスイッチを活用することも大切にしたいです。たとえば、 題名 から、何の説明をしている文章であるかを確認すること。「このロボットは～」と「このロボットがあれば～できます。」という カギことば で説明が繰り返されていることなどにも注目して読みを深めましょう。

④ 単元計画（全12時間）

時	学習活動	習得／活用スイッチ
1・2	○教材「ロボット」を読み、学習の見通しをもつ。 ・ロボットについて知っていることを出し合った上で本文を読む。（１時間目） ・初発の感想を交流し、学習計画を立てる。（２時間目）。	
3〜6	○ロボットのどのようなことを説明しているのか、詳しく読む。 ・構成に着目し、筆者の意図を考える。（３時間目） ・「問い」に対する「答え」を探しながら、どのようなことを説明しているのかを確かめる（４・５時間目） ・ロボットがどんなときに何をして助けてくれるのか、大事な言葉をまとめる。（６時間目）	問いと答え 構成 問いかけ 主語と述語 カギことば
7〜12	○あったらいいと思うロボットを考え、ロボットについて書かれた本を読み、友達に説明する。 ・「もっと読もう」を読み、あったらいいと思うロボットを考える。（７・８時間目） ・書いたものを友達と交流する。（９時間目） ・ロボットについて書かれた本を読み、あったら助かると思うロボットを友達に説明する。（10・11時間目） ・学習を振り返る。（12時間目）	文末

⑤ スイッチを働かせた授業の姿

[３時間目] ― 構成 問いかけ 主語と述語 に着目し、筆者の意図を考える―

学習活動	指導のポイント

「ロボット」の「初め」と「終わり」に注目して、筆者の思いを考えよう

　　２年生で学習した４つの説明文と、「初め」の部分を比べてみましょう。

C 「ロボット」は、「どんなロボットがあるのでしょう。」「どんなときに、たすけてくれるのでしょう。」という「問い」があるところが、今までとは違うね。

C 「問い」があるということは、次からはその「答え」が書いてあ

☞Point
２年生で最後に学習する説明文であるため、既習事項については子どもたちの発言から出てくることを想定しています。難しい場合は「たんぽぽのちえ」「どうぶつ園のじゅうい」「紙コップ花火の作り方」の「初め」の部分のみを音読するとよいでしょう。

るって、１年生の「どうぶつの赤ちゃん」でもやったよ。

C 「どんなロボットがあるのか。」「どんなときに、たすけてくれるのか。」に注目して読めばいいんだね。

 説明の終わり方にも注目してみましょう。「終わり」の目印となる言葉はありますか？

C 説明の終わりには、「このように」があるよ。「たんぽぽのちえ」と同じだね。

C 「たんぽぽのちえ」は、「新しいなかまをふやしていくのです。」で終わっていたけど、「ロボット」は、「のです。」がない！

C 本当だ。文の終わりが「でしょうか。」とか、「思いますか。」になっているよ。終わりなのに、「問い」が出てきた。

C 私たちに、たずねているような文だよね。

 これを「問いかけ」と言います。今までの説明文とは違って、最後に「問いかけ」があるのはなぜでしょうか？

C 「問いかけ」があると、どんなロボットがあればいいのか考えたくなるね。

C それに、「ぜひ、考えてみてください。」で終わっているから、みんなにロボットのことを考えて欲しいんだよ。

 そのことが分かる文はどこでしょうか？

C 「あなたは、どんなロボットがあればよいと思いますか。」「それは、どんなときに、わたしたちをたすけてくれるのでしょうか。」だよ。

 この２つの文は、実は他にも出てきています。どこか探してみましょう。

C １段落の「どんなロボットがあるのでしょう。」と最後の「あなたは、どんなロボットがあればよいと思いますか。」が似ているよ。

C その続きの、「どんなときに、たすけてくれるのでしょう。」と、最後の「それは、どんなときに、わたしたちをたすけてくれる

☞ Point
「たんぽぽのちえ」の学習を想起し、「このように」は説明のまとめであり、「文末」が「のです」だったことに目を向けます。そこから、ここでは「文末」が「でしょうか。」という 問いかけ になっている理由を考えられるようにしましょう。

☞ Point
問いかけ の文を音読するとよいでしょう。「文末」の語尾が上がることにより、読者が考えたくなるような筆者の 問いかけ の工夫を、子どもは実感するはずです。

☞ Point
まずは、「終わり」と「初め」に似ている文が出てくることに目を向けます。その後、「あなたは」や「わたしたちを」の言葉が入っている意味を考えられるように発問します。発問だけでなく、一度本文を音読してみるのもよさそうです。

71

のでしょうか。」も似ているね。

C　最後の文は、「わたしたちを」という言葉があるね。

C　「あなたは」という言葉も、最後だけ入っているよ。

 「あなたは」という主語や「わたしたちを」が入っていると、感じ方に違いはありますか。

C　「あなたは」という主語があると、「え、わたしに言っているの。」という気持ちになる。

C　「あなたは」という主語があって問いかけられているから、自分も考えたくなるよ。

C　「あなたは」がなければ、どんなロボットがあればいいのか、考えようと思わないかも。

C　「わたしたちを」も同じで、自分たちのことを言っているんだなと思うよね。

 「あなたは」や「わたしたちを」は、「みんなにもロボットについて考えてほしい」という筆者からのメッセージなんですね。

☞ Point
まず「あなたは」という主語、その後に「わたしたちを」について、分けて考えることもできます。スイッチの定着を図るため、子どもが発言するときは「主語」という言葉を使うようにし、 主語と述語 を活用できるようにしましょう。

☞ Point
「あなたは」や「わたしたちを」が入っている文といない文を比べて、感じ方の違いを話し合わせてみてもいいですね。

[7・8時間目] —ぼやかしの 文末 の効果を捉え、あったらいいなと思うロボットを考える—

学習活動	指導のポイント

「もっと読もう」を読んで、あったらいいなと思うロボットについて考えよう

 「もっと読もう」では、「ロボット」に出てきた3つのロボットと似ているところはありますか？

C　最初に、「どのロボットも、人をたすけるために作られたものです。」と書いてあるよ。

C　人を助けるというところが、説明文に出てきた3つのロボットと似ているね。

 説明文の中に出てきた3つのロボットは、どうして必要だったのでしょうか？

☞ Point
説明文の中に出てきた3つのロボットが必要な理由を想起し、

C 荷物を届けるロボットは届ける人が足りなかったら困るからだよ。

C 案内をしてくれるロボットがいれば、どう行けばいいのか教えてくれるよね。

C 危ない場所の様子を見に行くロボットも、人が行けばけがをするから必要だよ。

 それらのロボットがなければ、人は必ず困ったり、けがをしたりするのですか？

C 必ずではないよ。困ったり、けがをするときがあるんだよ。

C だから、筆者は「何日もまつことになるかもしれません。」と書いているよ。

C ５段落も同じように「かもしれません。」を使っているよ。

C 「かもしれません。」は、そうなるかどうか分からないということだよね。

C 水族館の案内をしてくれるロボットも、「分からないこともあるでしょう。」だから、絶対とは書いていないよね。

 文の終わりの書き方も大切ですね。では、そこにも注意しながらどんなロボットがあったらいいか理由も考えてまとめましょう。

次の発問につなげましょう。

☞Point

文末 に着目することで、必ずとは言い切れないことを捉えます。筆者は「かもしれない」という「ぼやかしの文末」を上手く使い、それぞれのロボットが必要な理由を述べています。

6 今後の教材につながるスイッチ

スイッチ	つながる教材
構成	「文様／こまを楽しむ」（3年）→「すがたを変える大豆」（3年）など
問いと答え	「文様／こまを楽しむ」（3年）→「ありの行列」（3年）など
カギことば	「すがたを変える大豆」（3年）→「未来につなぐ工芸品」（4年）など
文末	「文様／こまを楽しむ」（3年）→「ありの行列」（3年）など
主語と述語・係り受け	「ありの行列」（3年）→「固有種が教えてくれること」（5年）
問いかけと投げかけ	「思いやりのデザイン／アップとルーズで伝える」（4年）など

3年 「文様／こまを楽しむ」

①　単元の目標

　　段落相互の関係に着目しながら、考えとそれを支える理由や事例との関係などに
ついて叙述をもとに捉え、一番遊んでみたいこまについて話し合うことができる。

②　本単元で働かせるスイッチ

[◎習得スイッチ]
段落数　要点
段落のまとまり

[○活用スイッチ]
構成
知識・体験　順序

[・定着スイッチ]　文末　資料と文の関係　問いと答え

③　教材の特徴とスイッチ

　　生活科の昔遊びなどで出合っている「こま」や、織物や陶磁器、装飾などで一度
は目にしたことがある「文様」。子どもたちは、こまや文様に対する自分のもって
いる知識や体験と関連付けながら文章を読んでいくことでしょう。中学年最初の説
明文。そのため、本単元では新たに習得するスイッチも多くあり、筆者の説明の工
夫を捉えることが大切になってきます。新たな発見を楽しめる学びの世界へと、子
どもたちをいざないましょう。

▶「**段落数**」から文章の構成や特徴を探る

　　低学年で中心的に読んできた「観察・記録文」や「解説文」に加えて、中学年か
らは根拠にもとづき意見や主張を伝える「意見文」や「論説文」を多く扱うように
なります。その結果、低学年と比べて、中学年の説明文は文量が多くなります。そ
のため、必然的に 段落数 も多くなることが想定されます。

　　「こまを楽しむ」は、全8段落です。そこから、筆者がどのように段落を分けて
いるのかが見えてきませんか。筆者が説明しているこまは6種類。こまの種類が変
わるたびに、段落が分けられています。つまり、筆者は「こまの種類と楽しみ方」

という「内容のまとまり」を意識して段落を構成しているのです。まずは（段落数）を捉え、そこから文章の構成や特徴を探っていきましょう。

▶「段落のまとまり」を意識し、「構成」を捉える。

　「文様」では、1段落に「どんなことをねがう文様があるのでしょうか。」という「問い」が示されています。そして、2段落から4段落まで3種類の文様が紹介され、最後の5段落でまとめが述べられています。同じように「こまを楽しむ」でも、1段落に「では、どんなこまがあるのでしょう。また、どんな楽しみ方ができるのでしょう。」という2つの「問い」が示されています。そして、2段落から7段落まで6種類のこまが紹介され、最後の8段落にまとめが述べられています。

　どちらの説明文も、問いに対する答えにあたる文がそれぞれの段落の最初に書かれています。そのため、（段落のまとまり）がつかみやすく、「初め−中−終わり」の「中」を構成する部分だと捉えることができます。（段落のまとまり）を意識して「初め−中−終わり」という（構成）を把握できるようになると、子どもたちは筆者の主張や、その主張に向けた文章の展開を捉えられるようになるでしょう。

▶ 段落の内容の要となる点、「要点」を捉える

　「こまを楽しむ」の6種類のこまの説明は、どの段落も4つの文から成り立っています。1文目には、「こまの名前」と「楽しみ方」が書かれています。2文目には「こまの形状」、3文目には「回り方や回し方」、最後の4文目には「ここまでの3文で伝えきれなかった特徴」が書かれています。

　「こまを楽しむ」では、その段落の重要な内容を端的に表現できるようになることが大切です。それを（要点）といいます。「こまを楽しむ」では、「では、どんなこまがあるでしょう。また、どんな楽しみ方ができるのでしょう。」という「問い」が投げかけられています。そのため、各段落の1文目が「問い」に対する「答え」が書かれている重要な文となります。ためしに、2段落の（要点）を表すと「色がわりごまの楽しみ方」「回っているときの色を楽しむ色がわりごま」となるでしょうか。（要点）を捉えられれば、各段落の（要点）をつなぐことができるようになり、4年生の「要約」へと学びがつながります。

④ 単元計画（全8時間）

時	学習活動	習得／活用スイッチ
1・2	○教材「文様」を読み、学習の見通しをもつ。 ・「初め‐中‐終わり」の構成を捉える。（1時間目） ・「問い」に対する「答え」にあたる部分を確かめる。 （2時間目）	段落数 段落のまとまり 構成
3・4	○教材「こまを楽しむ」を読み、文章の構成を考える。 ・文章を「初め‐中‐終わり」に分け、要点を押さえる。 （3時間目） ・「問い」に対する「答え」を確かめ、各段落の要点を捉える。 （4時間目）	段落数 構成 段落のまとまり 要点
5・6	○「中」の事例の順序を考え、「終わり」に書かれている内容を確かめる。 ・6つのこまの事例の順序を考える。（5時間目） ・「終わり」の役割を考える。（6時間目）	順序 知識・体験
7・8	○一番遊んでみたいお気に入りのこまを紹介する。 ・6つのこまの中から一番遊んでみたいこまを選び、その理由をまとめる。（7時間目） ・お気に入りのこまを伝え合い、学習を振り返る。 （8時間目）	

⑤ スイッチを働かせた授業の姿

[3時間目] — 段落のまとまり に着目して 構成 を捉え、次時に学習する 要点 を押さえる—

学習活動	指導のポイント

「こまを楽しむ」は、どこで「初め‐中‐終わり」に分けられるのだろう

 「文様」で学んだように、「問い」や「答え」を探して、どこで3つに分けられるか考えてみましょう。

C 「文様」でも最初の段落には「問い」があったよ。

C 「どんなこまがあるのでしょう。」「どんな楽しみ方ができるのでしょう。」と、2つの「問い」が書いてある。文の最後が「〜でしょう」になっているね。

C 「日本は、世界でいちばんこまのしゅるいが多い国だといわれて

☞ Point

「初め」「中」「終わり」の分け方を考える際には、「どうしてそこで分けられるのか」という理由も説明するように伝えます。「問い」を見つける際には、「文末」に着目することが大切です。「説明する内容を示すこと」を「話題提

います。」と、「何を説明するか」を伝えている。

C　2段落目からは、「色がわりごまは」とこまの説明に入っている
　　し、2つの問いがあるから、1段落が「初め」だね。

　　　　1段落は「話題提示」と「問い」があるので「初め」
　　　ですね。では、2段落からは何が書かれているので
　　　しょうか？

C　「色がわりごま」から「ずぐり」まで、それぞれの段落に1つの
　　こまが紹介されているよ。

C　「色がわりごまは」「さか立ちごまは」と続くのに、8段落は「こ
　　のように」と書き方が変わっている。

C　「文様」も、「このように」で「終わり」の段落だった。

　　　　2年生の説明文にも、「このように」でまとめられ
　　　た説明文はありませんでしたか？

C　「ロボット」だよ。「このように」でまとめを書いていた。

C　「たんぽぽのちえ」でも、最後の段落は「このように」から始
　　まって「～のです」で強調されて終わっていたよ。

C　「こまを楽しむ」も、最後は「生み出してきたのです。」と「の
　　です」で終わっている。

C　そう考えると1段落が「はじめ」、2段落から7段落までが「中」、
　　8段落が「終わり」になるね。

　　　　そうですね。では、「中」の2～7段落のそれぞれ
　　　の文を比べて、気付いたことはありませんか？

C　2段落の最初に「色がわりごまは、回っているときの色を楽し
　　むこまです。」とあるから、紹介していることが分かりやすい。

C　3段落の最初も「鳴りごまは、回っているときの音を楽しむこ
　　まです。」と、同じ書き方をしているね。

　　　　大事な一文に注目しましたね。この最初の一文には、
　　　どのような内容が書いてあるでしょうか？

C　それぞれの「こまの種類」が書いてある。

C　それに「回っているときの色を楽しむこまです。」とあるから、
　　「こまの楽しみ方」も書かれている。

示」と呼ぶことも、ここで押さえ
ましょう。

☞Point
たくさんのこまが紹介されてい
ることには気付きやすいので、
子どもたちの反応から「こまを紹
介している段落」であることを確
認しましょう。また、8段落が
「このように」という言葉で始
まっていることから、「中」の
（段落のまとまり）には入らないこ
とが分かります。

☞Point
これまでに学んだ説明文を想起
し、共通点を捉えることが大切
です。「このように」というまと
めに対して、「～のです」という
強調の「文末」に気付けるように
しましょう。

☞Point
2段落から7段落までは、最初
の一文が（要点）になります。
「問い」に対する「答え」になって
いることも確認し、筆者の説明
の仕方にも注目できるようにしま
しょう。

☞Point
各段落の最初の一文が、「問い」
に対する「答え」として、最も重
要な一文です。「こまの種類」に

C　2段落から7段落まで、最初の一文には「こまの種類」と「楽しみ方」が書かれていて、1段落の「問い」に答えているんだね。

つまり、2〜7段落では最初の一文が最も重要な文ですね。では、その中の大切な言葉を落とさないで、2段落の最初の一文を短くまとめましょう。

C　「色がわりごまの楽しみ方」。

C　「回っているときの色を楽しむ色がわりごま」。

は「赤」、「こまの楽しみ方」には「青」とマーカーを引くのもよいでしょう。

☞Point
要点 は体言止めにするのがポイントです。4時間目では、「問い」に対する「答え」を確認しながら、各段落の要点を捉えましょう。

[5時間目] ―― 知識・体験 と結び付けながら、6つのこまの事例の 順序 を考える――

学習活動

筆者の安藤さんは、6つのこまをどのような順序で説明しているのだろうか

筆者は、この説明文で、どうして「ずぐり」から説明しなかったのでしょうか？

C　「ずぐり」は 雪の上で回して楽しむこま で、あまり見たことがないから。

C　私たちも、あまり知らないから最後に説明したんだと思う。

なるほど。筆者の説明では最初は「色がわりごま」、その次に「鳴りごま」と続きますね。

C　私は「色がわりごま」を幼稚園で作ったことあるよ。

C　でも、それだったら私の家に「さか立ちごま」があるよ。

C　私は「鳴りごま」を見たことがないけど。

では、どうして「色がわりごま」から「鳴りごま」へとつながるのでしょうか？それぞれの文を比べて考えましょう。

C　どちらも最初の文が、ほとんど同じだよ。

C　「色がわりごま」は 回っているときの色を楽しむ だ。「鳴りごま」は 回っているときの音を楽しむ になっている。

C　「色」から「音」に変わるだけで、つながりがあるから、このよ

指導のポイント

☞Point
あえて極端な「ずぐり」を例示して、「ずぐり」から説明することの不自然さを確認します。

☞Point
自分の家に同じこまがあったり、以前に作ったりと、子どもたちの 知識・体験 にもとづいた読みを大切にしましょう。そこから、次の発問につなげることで、学習がスムーズに展開するはずです。

☞Point
「色がわりごま」と「鳴りごま」の最初の一文の共通点に気付くと、子どもはそのつながりに納得するはずです。

うな順序で説明されているんだね。

C それから、あまり見たこともないようなこまが出てくるから、筆者は身近なこまから順番に説明していると思う。

身近な順序で書かれていた説明文は、前にもありませんでしたか？

C 1年生のときの「じどう車くらべ」だね。

C これも、「バスやじょうよう車」「トラック」「クレーン車」のように、身近な順序で説明されていたね。

では、筆者は8段落でこまの楽しみ方には「回る様子」「回し方」があると言っています。6つのこまは、そのどちらでしょう？

C 「色がわりごま」は、「回っているときの色を楽しむ」から、「回る様子」だね。「鳴りごま」も「回る様子」で同じだよ。

C 「さか立ちこま」も、「その動きを楽しむ」だから、「回る様子」を楽しむこまだ。

C 「たたきごま」は、「たたいて回し続ける」だから「回し方」だよね。「たたきごま」からは、全部「回し方」を楽しむこまになっているね。

C 「回る様子」と「回り方」で、まとまりを作って説明しているのも筆者の工夫だね。

☞ Point
1年生の「じどう車くらべ」も、身近な 順序 で事例が並べられていました。このように、筆者の説明の共通点を捉えることで、説明の仕方のつながりが見えてきます。

☞ Point
8段落で筆者は、こまの楽しみ方には、①回る様子②回し方の2つがあると述べています。ここは読み飛ばされることが多いので、ぜひ立ち止まりたいところです。それぞれの段落の最初の一文を丁寧に読み、筆者が「回る様子」「回し方」でまとまりを作って説明していることを捉えられるようにしましょう。

3年

「文様／こまを楽しむ」

⑥ 今後の教材につながるスイッチ

スイッチ	つながる教材
段落数	「すがたをかえる大豆」（3年）→「ありの行列」（3年）など
要点	「すがたをかえる大豆」（3年）→「ありの行列」（3年）など
段落のまとまり	「ありの行列」（3年）など
構成	「すがたをかえる大豆」（3年）→「ありの行列」（3年）など
知識・体験	「想像力のスイッチを入れよう」（5年）など
順序	「すがたをかえる大豆」（3年）→「風船でうちゅうへ」（4年）

「すがたをかえる大豆」

3年

❶ 単元の目標

　　目的を意識して中心となる語や文を見つけたり、事例の書かれ方に気をつけて読んだりし、興味をもったものについて説明する文章を書くことができる。

❷ 本単元で働かせるスイッチ

[◎習得スイッチ]

文と文の関係　　第一段落の工夫

[○活用スイッチ]

要点　　順序　　構成

[・定着スイッチ]　題名・話題　　段落数　　資料　　カギことば

❸ 教材の特徴とスイッチ

　　私たちが、毎日の食事でよく口にしている大豆。大豆はいろいろな食品へと姿を変え、私たちの食卓に並べられています。子どもたちにとって身近な内容が書かれている「すがたをかえる大豆」には、これまで学んできた説明文とは異なる筆者の工夫があります。大豆が身近だからこそ、筆者がどのような工夫を用いて、大豆について説明しているのかに着目して読んでみましょう。

▶ 子どもが読み進めたくなるような「第一段落の工夫」に着目する

　　これまでに学んできた説明文の多くは、「初め」に「問い」が書かれていました。しかし、「すがたをかえる大豆」には、「問い」がありません。だからこそ、筆者がどのように文章を書き始めているかに着目し、第1段落に込められた筆者の意図や工夫を捉えることが大切です。

　　まず、「すがたをかえる大豆」は、「わたしたちの毎日の食事には、肉・やさいなど、さまざまなざいりょうが調理されて出てきます。」という一文から始まります。子どもにとって、これらの食材は身近であり、興味を抱くような工夫をしていることが分かります。また、多くの人がほぼ毎日口にしているものは「何だか分かりま

すか。」と問いかけ、読者を文章に引きこもうとしています。その直後に、「それは、大豆です。」と答えを書くことで、インパクトを残しています。それにより、私たちは、そんなに大豆を食べているのだろうかと興味や疑問をもちます。言葉を巧みに使う筆者の（第一段落の工夫）は、読者がその後を読み続けようとする原動力を生み出します。

　読むことに苦手意識がある子どもでも、文章の最初だけは読もうとするのではないでしょうか。だからこそ、（第一段落の工夫）が大切なのです。子どもたちが「こんな工夫があるんだ！」と、期待をもって読み進められるような学びを実現していきたいですね。

▶ **つなぎ言葉や指示語に着目して「文と文の関係」をつかむ**

　子どもたちの日記や植物の観察などの文章を見ると、あまり意識されていないのが（文と文の関係）です。１年生でのあさがお、２年生でのミニトマトの観察など、低学年では観察の記録を書く活動が多くあります。しかし、「あさがおの色は、水色でした。あさがおのくきは、毛のようなものが生えていました。」のように、事実を箇条書きのように羅列してはいないでしょうか。つなぎ言葉を使用し、文と文をつなげることができるようになると、伝わりやすさが一段と向上します。

　「すがたをかえる大豆」の３段落から７段落は、同じ構成をとっています。４段落を例に見てみましょう。

> 　次に、こなにひいて食べるくふうがあります。もちやだんごにかけるきなこは、大豆をいって、こなにひいたものです。

　「中」の各段落の冒頭には、「いちばん分かりやすいのが」「次に」「また」「さらに」「これらのほかに」と、つなぎ言葉が用いられていることに気付きます。つなぎ言葉を巧みに使うことで、段落相互の関連が読者に分かりやすく表現されています。

　また、最初の一文で大豆を食べるための具体的な工夫を述べ、二文目以降、その工夫を用いた食品の紹介が書かれています。段落の冒頭で最も大切な内容を述べる、「段落内頭括型」の構成になっています。したがって、（文と文の関係）を見つめることは、段落の要点を捉えることに役立ちます。

3年「すがたをかえる大豆」

81

④ 単元計画（全12時間）

時	学習活動	習得／活用スイッチ
1・2	○教材「すがたをかえる大豆」を読み、学習の見通しをもつ。 ・「初め－中－終わり」に分け、文章の話題を確かめる。 （1時間目） ・筆者の「初め」の書き方の工夫を捉える。（2時間目）	第一段落の工夫 構成
3・4	○「中」の書かれ方について考える。 ・それぞれの段落の中心となる文を捉える。（3時間目） ・「中」の事例の順序を考える。（4時間目）	文と文の関係 要点 順序
5・6	○筆者の説明の工夫をまとめ、考えを交流する。 ・文章全体や各段落の組み立てなどに着目して、筆者の工夫をまとめ、交流する。（5時間目） ・食べ物についての本を読み、感想をまとめる。（6時間目）	
7〜12	○「すがたをかえる大豆」で見つけた説明の工夫を使って、読む人が分かりやすい文章を書く。 ・取り上げる材料を選び、図や表で整理する。（7時間目） ・「初め－中－終わり」に分けて、組み立てメモを作る。 （8時間目） ・説明する文章を書く。（9・10時間目） ・友達と読み合い、文章のよいところを伝える。（11時間目） ・学習を振り返る（12時間目）	構成 順序

⑤ スイッチを働かせた授業の姿

[2時間目] ─ 第一段落の工夫 を中心にして、筆者の「初め」の書き方を捉える─

学習活動	指導のポイント

筆者は、どのような工夫をして「初め」を書いているのだろう

 まず、筆者は、どうしてこのような書き出しにしたのでしょうか。

C 「わたしたちの毎日の食事には」という書き出しから、自分たちの普段の食事を思い出しやすいよね。

C 肉や野菜は、私たちは毎日のように食べているから、想像しや

☞ Point

説明文を書く際に、筆者は書き出しを工夫しています。私たちに身近な肉や野菜から書いて、スムーズに本文にいざなう 第一段落の工夫 を捉えられるようにしましょう。

すくなっている。

もし、「わたしたちの毎日の食事には、大豆が調理されて出てきます。」から始まっていたらどうでしょう？

C いきなり、大豆と言われてもピンとこないよね。

C どうして大豆が出てくるのか、急に言われた感じがする。

C だから、筆者は最初に身近な肉や野菜のことから書き始めているんだね。

C その次にも、毎日食べるような米やパンのことが書いてあるから、内容がよく理解できるよ。

☞Point
「もし大豆から書き始めていたら」と、仮定の発問をしてみます。教科書の書き出しと比べることで、より筆者の 第一段落の工夫 を捉えることができるはずです。

そこが筆者の工夫ですね。他にも、１段落で工夫しているところはありますか？

C 「なんだか分かりますか。」と問いかけているところが工夫だと思う。そうすると、私たちは考えたくなるよね。

C その後、すぐに「それは、大豆です。」と答えが書いてある。どうして、そんなに大豆を食べているんだろうと、続きを読みたくなるね。

C １段落の最後に「いろいろな食品にすがたをかえていることが多いので」とあるから、どんなものになっているか知りたくなった。ここも筆者の工夫だと思う。

☞Point
「なんだか分かりますか。それは、大豆です。」に着目します。「問いかけ」があることにより、読者は「それは、何だろう」と考えたくなります。そして、すぐに「大豆です。」と「答え」を述べることで、インパクトを残そうとしています。

筆者が１段落で使っている工夫が分かりましたね。では、「初め」の２段落はどうでしょうか？

C ２段落は、大豆の説明を中心に書いてある。

C 「大豆は、ダイズという植物のたねです。」と書いているから、「ダイズ」が植物で「大豆」は種なんだね。

C 漢字とカタカナで分けて書いてある。それに写真を見ると、「大豆」と「ダイズ」の違いもよく分かるよ。

C 「そのため、昔からいろいろ手をくわえて、おいしく食べるくふうをしてきました。」から、どんな工夫をしているか知りたくなる。

C でも、今までの説明文には「初め」に問いがあったけど、この説明文は出てこないよね。

☞Point
見過ごしがちですが、「大豆」と「ダイズ」の違いは必ず押さえたいところです。これは、４時間目の「中」の事例の「順序」を捉える際に大切になります。「ダイズ」からできるものは、「枝豆」と「もやし」です。

もし「初め」に「問い」を入れるとしたら、どのような「問い」を入れますか？

C 「中」の段落は、それぞれ書き方が同じになっているよ。

C すべての段落で最初に工夫、その次に食品の名前が書いてあるね。

C だから、2段落の最後に「どのようなくふうをしてきたのでしょうか。また、どのような食品に、すがたを変えているのでしょうか。」と、2つの「問い」を入れるといいね。

そうですね。この文章に「問い」はありませんが、筆者が「初め」の書き方を工夫していることで、先が読みたくなってきますね。

☞Point
「問い」は2段落の最後に入れることを確認します。そこで、「中」の各段落の書き方をもとに、①どのような工夫をしているのか②どのような食品になっているのか、2点で問いを入れるようにします。

[4時間目] ―（文と文の関係）に着目して、「中」の事例の（順序）を考える―

学習活動	指導のポイント

筆者は、どのような順序で「中」を書いているのだろうか

まず、つなぎ言葉に着目して考えてみましょう。

C 「いちばん分かりやすいのは」とあるから、筆者は姿を変えるのが分かりやすい順に書いているね。

C 「次に」ということは、「次に分かりやすいのは」ということだね。そして、「また」「さらに」とつながっていくんだ。

C 「これらのほかに」と書かれると、これで最後だと分かるよ。

C つなぎ言葉があると、読みやすくなるし、分かりやすい。

どうして一番分かりやすいのが「豆まきに使う豆」や「に豆」なのでしょう？

C それは「大豆をその形のままいったり、にたりして」とあって、作り方が簡単そうだから。

C 姿もそのまま残るから、見た目で大豆だと分かるよ。

C 次に分かりやすいのが、「きなこ」だね。

C これは「こなにひいて食べるくふう」だから、工夫が簡単だ。

☞Point
（文と文の関係）や（順序）を捉える際、つなぎ言葉に着目することで、「分かりやすい順序」で筆者は説明していることが分かります。以前学習した「こまを楽しむ」の文章を、つなぎ言葉を入れて書き直す活動をしてもよいでしょう。

☞Point
「分かりやすい」とは、子どもたちにとって作り方が捉えやすい（順序）でもあります。作り方が単純なものから、より複雑になっていることを感じられるようにしましょう。文章と写真を照らし合わせて考えることも有効です。

C　でも、粉になって姿を変えるから、一番初めではなくて「次に」
　　と書いてあるんだ。

C　大豆が、少しずつ姿を変えているのが分かるよ。

　では、どうして、「とうふ」から「なっとう・みそ・
　　しょうゆ」の順序なのでしょうか？

C　作るのにかかる時間に注目してみたよ。「とうふ」は「一ばん水
　　にひたし」と書いてある。でも、「みそ」は、「半年から一年の
　　間」と、長い時間をかけて作られるからだ。

C　「とうふ」は、大豆に含まれる主な栄養を取り出して作っている。
　　でも、「なっとう」「みそ」「しょうゆ」は、他の小さな生物の力
　　を借りているから、作り方が難しくなっている。

C　２段落に「いろいろ手をくわえて」と書いてある。「なっとう」
　　などの方が作り方がより複雑になるし、時間もかかるから、こ
　　のような順序で筆者は説明しているんだね。

　しかし、どうして「えだ豆」と「もやし」が最後な
　　のでしょう？　これらは簡単に調理できますよ。

C　「これらのほかに」とあるから、今までと何かが違うのかな。

C　２段落で「大豆」と「ダイズ」の違いを考えたよ。

C　３～６段落は「大豆」。そして、「えだ豆」「もやし」は「大豆」
　　ではなく、植物の「ダイズ」なんだ。

C　だから、「えだ豆」と「もやし」は、最後に説明しているんだ。

☞Point
「とうふ」から「なっとう・みそ・
しょうゆ」は、より作り方が複雑
になり、時間もかかることが（順序）
の根拠になります。やはり、筆
者は読者である３年生の「分かり
やすさの順序」で説明しています。

☞Point
２時間目に読み取った「大豆」と
「ダイズ」を想起する時間を設け
ましょう。筆者は「大豆」と「ダ
イズ」を使い分けています。だか
らこそ、最後に「これらのほか
に」というつなぎ言葉で説明して
います。

6　今後の教材につながるスイッチ

スイッチ	つながる教材
文と文の関係	「ありの行列」（３年）
第一段落の工夫	「想像力のスイッチを入れよう」（５年）など
要点	「ありの行列」（３年）→「未来につなぐ工芸品」（４年）
順序	「風船でうちゅうへ」（４年）
構成	「ありの行列」（３年）など

3年 「ありの行列」

❶ 単元の目標

指示する語句、接続する語句、段落の役割について理解し、「ありの行列」を読んで興味をもったことなどを伝え合うことができる。

❷ 本単元で働かせるスイッチ

[○活用スイッチ]

文種　文末　問いと答え　構成　要点　段落のまとまり　使用語句

[・定着スイッチ]　段落数　主語と述語・係り受け　文と文の関係

❸ 教材の特徴とスイッチ

「ありの行列」は、「ありの行列ができるわけ」を調べるために行った実験や研究の「観察・記録文」です。4年生以降の説明文では、論説文を中心的に扱いながら、より説得力を生み出す工夫を学んでいきますが、どのような文種であっても、意見や主張を伝えるときのよりどころになるのは、明確な根拠となる「事実」です。正確に事実を伝える方法を「ありの行列」を読みながら確かめましょう。

▶「問いと答え」を確認しながら「段落のまとまり」を考え、「構成」を捉える

「ありの行列」の特徴は、1段落の「問い」から9段落の「答え」まで 問いと答え の距離が長いことが挙げられます。そのため、読者にとって先が気になり、読み進めたくなる説明文となっています。「こまを楽しむ」や「すがたをかえる大豆」のように、「中」が事例の紹介ではないため、どこで「初め－中－終わり」に分かれるのか、子どもが 構成 を捉える際に考えのずれが起きやすい教材でもあります。

たとえば、2段落の「アメリカに、ウイルソンという学者がいます。この人は、次のようなじっけんをして、ありの様子をかんさつしました。」という文を「話題提示」と捉え、「初め」と考える子どもがいるかもしれません。「観察」「研究」という言葉に着目すると、5段落までが「観察」、6段落からは「研究」について書

86

かれていることに気付きます。そうすると、6段落から「終わり」という捉えも出てくるでしょう。あるいは、7段落は「ありの行列のできるわけを知ることができました。」と書かれているため、この段落で研究についての話題から切り替わり、8段落から「終わり」だと考える子どももいるはずです。段落の機能と内容の両面で、(構成)に対する考えのずれが起きるのです。今後、子どもたちが文章全体の(構成)を捉えることができるように、「ありの行列」の学習を通して改めて(段落のまとまり)を理解できるようにしましょう。

▶「要点」や「文末」から「文種」を捉える。ただし「使用語句」には注意！

　「ありの行列」の2段落から7段落までの冒頭の文に着目してみます。そうすると、2段落がウイルソンの紹介、3段落が1回目の実験、4段落が2回目の実験、5段落が実験についての考察が記されていることが分かります。ここまでは、「実験」とその「観察」について述べていると判断できます。続く6、7段落では、「研究」がキーワードになっています。そのため、「はたらきありの体の仕組みの研究」について記されていることが分かります。ここまでの6つの段落は、「すがたをかえる大豆」で紹介した「段落内頭括型」になっており、(要点)がつかみやすくなっています。

　また、(文末)に着目してみます。実験・観察、研究をした内容については、事実であるため「～ました」と過去形で示されています。一方、説明を加えたり筆者のものの見方を表したりしている一文は「～です」「～のです」と現在形で示されています。文章全体を読むと、過去形の(文末)が多いことから「ありの行列」の(文種)は、「観察・記録文」ということができるでしょう。

　ただし、(使用語句)には注意しましょう。本教材では、「実験」「観察」「研究」という言葉を使い分けています。しかし、3年生の子どもは本当にその使い分けが理解できるのでしょうか。曖昧に捉えている子どもも多くいるはずです。2年「たんぽぽのちえ」の「らっかさん」同様に、文章の(使用語句)と子どもの日常語句の距離があれば、辞書で調べるなどの手立てを講じ、理解できるようにしましょう。

④ 単元計画（全7時間）

時	学習活動	習得／活用スイッチ
1	○教材「ありの行列」を読み、学習の見通しをもつ。 ・「ありの行列」の「問いと答え」を確かめる。	問いと答え 文種
2・3	○「ありの行列」の構成を捉える。 ・文章を「初め－中－終わり」に分ける。（2時間目） ・段落の内容から、「問い」「答え」「実験」「研究」のように段落の役割やキーワードを確かめる。（3時間目）	問いと答え 使用語句 段落のまとまり 構成
4・5	○ウイルソンの研究の進め方、ありの行列ができる仕組みについて研究レポートにまとめる。 ・「中」の段落ごとに大切な言葉や文を見つける。（4時間目） ・ウイルソンが行った研究を短い文章でまとめる。（5時間目）	文末 要点
6・7	○文章を読んで考えたことをまとめ、伝え合う。 ・「ありの行列」について興味をもったこと、もっと知りたいこと、考えたことを文章にまとめる。（6時間目） ・書いた文章を読み合い、学習を振り返る。（7時間目）	

⑤ スイッチを働かせた授業の姿

[2時間目] ── 段落のまとまり や 問いと答え について考え、構成 を確かめる ──

学習活動	指導のポイント

「ありの行列」の「初め－中－終わり」を考えよう

　　まず、「ありの行列」の「初め」の段落を考えましょう。

C　1段落に「なぜ、ありの行列ができるのでしょうか。」と書いてある。これは「問い」だから、1段落が「初め」だよ。

C　でも、2段落に「ウイルソンの紹介」と「実験と観察をしたこと」が書いてあるから「話題提示」ではないかな。

　　2段落が「初め」に入るのか、「中」に入るのか悩みますね。先を読んで考えてみましょう。

☞ Point
話し合いを始める前に、どこで「初め」「中」「終わり」に分かれるのか、教材文の根拠となる叙述にラインやメモをしておくように促しましょう。

☞ Point
話し合う中で、段落のまとまり が分からないときには、他の段

88

C　3段落は「はじめに」と書いてある。砂糖を置いた実験をして、観察していることが書いてあるよ。

C　4段落は、「次に」と書いてある。ありが通る道すじに石を置いて観察しているね。

C　5段落に「これらのかんさつから」と書いてあるから、3と4段落の「かんさつ」のことをまとめているみたい。

　　3段落から5段落までがつながりました。では、2段落を考えていきましょう。

C　「次のようなじっけんをして、ありの様子をかんさつしました。」と書いてある。3段落からの実験と観察につながるよね。

C　しかも「次のような」は、3と4段落につながる言葉だね。

C　だから、2段落から5段落までを1つのまとまりとして考えた方がいいよ。やっぱり2段落は「中」だね。

　　1段落が「初め」、2段落からが「中」ですね。では、「中」はどこまでになるのでしょうか？

C　6段落に「そこで、ウイルソンは、はたらきありの体の仕組みを、細かに研究してみました。」と書いてある。「そこで」は、5段落の内容とつながるから、6段落は「中」だよね。

C　7段落の最初に「この研究から」と書いてあるから、「この」が6段落とつながっている。

C　8段落は、7段落に書いてある「ありの行列ができるわけ」が説明されている。

C　そうなると、6、7段落は「研究」のことを説明して、8段落で、その研究から分かったことが書いてある。だから、6段落から8段落までが1つのまとまりになるよ。

　　そうすると、「終わり」の段落はどこになりますか？

C　8段落までが「中」だから、9段落が「終わり」になるね。

C　「このように」で始まって、「ありの行列ができるというわけです」で終わっている。1段落の「問い」の「答え」になっているよね。だから、「終わり」でいいと思うよ。

落の内容にも目を向けるように伝えましょう。「観察」や「実験」という「使用語句」については、子どもが理解しているのか確認することが大切です。

3年

「あ り の 行 列」

☞Point
まず、3段落から5段落までをまとまりとして捉えます。「実験」「観察」という言葉から、2段落もそのまとまりに入ることが分かります。子どもの考えを生かしながら「初め」は1段落、「中」は2段落から、とまとめましょう。

☞Point
6段落から8段落が、「中」のもう1つのまとまりになります。ここでは、「研究」のことを述べています。子どもがこの内容のまとまりに気付いたときには、価値付けて全体で確認しましょう。

☞Point
段落のまとまり 「つなぎ言葉」
問いと答え などを捉えると、説明文の 構成 が捉えられることを確認しましょう。

学習活動	指導のポイント

段落ごとに大切な言葉や文を見つけて、ウイルソンの研究レポートをまとめよう

 まず、ウイルソンは、実験や研究をどのように進めていったのかを考えましょう。

C　3段落は、1文目がウイルソンが行った実験だよね。

C　「ありの巣から少しはなれた所に、ひとつまみのさとうをおきました。」と書いてある。ウイルソンのしたことだから大切だよ。

C　4段落は2つ目の実験をしている。それも、「次に」という言葉で分かるよね。

C　「この道すじに大きな石をおいて、ありの行く手をさえぎってみました。」が、ウイルソンのしたことだから重要だ。

☞Point
「ウイルソンが実験や研究をどう進めたか」「ありが行列を作る仕組み」の2点から、短くまとめます。まず、ウイルソンの「したこと」を見つけ、研究の進め方を捉えられるようにします。

 その実験の後、ウイルソンはどうしたのでしょうか。

C　6段落に「はたらきありのからだの仕組みを、細かに研究してみました。」と書いてある。ここからは、「研究」が大切な言葉になっていたよね。

C　そうして、ありの行列ができるわけを知ることができたよ。

C　これで、「ウイルソンが実験や研究をどう進めたか」について、研究レポートにまとめることができるね。

C　次は、「ありが行列を作る仕組み」だよ。それは、8、9段落に詳しく書かれているね。

☞Point
次に「ありが行列を作る仕組み」について考えます。「ウイルソンの行動」は「～ました」のような過去形の 文末 で、「調べてわかったこと」は「～のです」「～わけです」のような現在形の 文末 で書かれていることを捉えられるようにしましょう。

 その8段落ですが、これまでの書き方と何か違うところはありませんか。

C　今までは、ほとんど「～ました」と過去形で書いてあったのに、ここでは「～ます」「～です」と現在形で書いてある。

C　ウイルソンが「したこと」は、過去形の「～ました」で書かれていた。

C　ウイルソンが研究から分かったことは、現在形の「～ます」なんだ。

C　そして、9段落で文章の内容をまとめている。ここも、文末は現在形の「〜です」になっているよ。

文末に気をつけると、ウイルソンがしたことと分かったことに気付けますね。では、大切な言葉や文をつなげながら、研究レポートをまとめましょう。

☞ Point
段落の 要点 は、多くの場合は、一文で抜き出すことができますが、ときに複数の文をつなげることが必要な場合もあります。

レポート例①　―ウイルソンは実験や研究をどう進めたか―

ウイルソンは、次のようなじっけんをして、ありの様子をかんさつしました。はじめに、ありの巣から少しはなれた所に、ひとつまみのさとうをおきました。次に、ありの行列の道すじに大きな石をおいて、ありの行く手をさえぎりました。しかし、ありの行列はの道すじはかわらなかったのです。

そこで、ウイルソンは、はたらきありの仕組みを細かに研究しました。この研究からウイルソンは、ありの行列のできるわけを知ることができました。

☞ Point
レポート例①は3〜7段落、レポート例②は6〜9段落を中心にまとめることを伝えましょう。

レポート例②　―ありが行列を作る仕組み―

はたらきありは、おしりのところから、においのあるじょうはつしやすいえきを出します。はたらきありは、えさを見つけると、道しるべとして、地面にえきをつけながら帰ります。においをたどって、えさの所へ行ったり巣に帰ったり来たりするので、ありの行列ができるのです。

6　今後の教材につながるスイッチ

スイッチ	つながる教材
文種	「思いやりのデザイン／アップとルーズで伝える」（4年）など
構成	「思いやりのデザイン／アップとルーズで伝える」（4年）など
文末	「風船でうちゅうへ」（4年）など
問いと答え	「思いやりのデザイン／アップとルーズで伝える」（4年）
要点	「未来につなぐ工芸品」（4年）
段落のまとまり	「思いやりのデザイン／アップとルーズで伝える」（4年）など
使用語句	「笑うから楽しい／時計の時間と心の時間」（6年）

「思いやりのデザイン／アップとルーズで伝える」

① 単元の目標

　段落相互の関係に着目しながら、考えとそれを支える理由や事例との関係について叙述をもとに捉え、自分の考えをまとめることができる。

② 本単元で働かせるスイッチ

[◎習得スイッチ]
結論の広がり　　意見・主張

[○活用スイッチ]
問いかけと投げかけ　　資料と文の関係
文種　　段落のまとまり　　比較

[・定着スイッチ]　題名・話題　　問いと答え　　構成

③ 教材の特徴とスイッチ

　4年生からの説明文の 文種 は、筆者の意見や主張を伝える「論説文」を読むことが中心になってきます。そのきっかけとなるのが、本単元の「思いやりのデザイン」「アップとルーズで伝える」です。筆者の主張に、子どもは何を感じるのでしょうか。また、筆者は、どのような工夫で読者に対して説得を試みているのでしょうか。筆者の主張を捉えながら、その説得の工夫にも目を向けましょう。

▶ **二重の「結論の広がり」の効果を考える**

　「アップとルーズで伝える」の構成を捉えるには、少し注意が必要です。6段落で「このように」とまとめて終わるのかと思いきや、7段落で新聞の事例が書かれています。これは、8段落で筆者の考えを述べるにあたり、テレビと新聞の共通点を伝えることで、より説得力が増すだろうという筆者の意図を感じます。また、7段落はテレビから新聞へと話題を広げているということができます。さらに、8段落ではテレビや新聞といった媒体から、読者である子どもたちに伝え手の範囲を広げています。まさに、本教材は二重の結論の広がりがある文章だといえるでしょう。

▶ 筆者は「意見・主張」をどこで述べるのか

「思いやりのデザイン」「アップとルーズで伝える」とも、これまでの説明文とは異なる点があります。それは、筆者の（意見・主張）を「初め」と「終わり」で述べる「双括型」になっていることです。「思いやりのデザイン」の２段落と５段落を見てみると、共通点を見出すことができます。

> ・わたしには、インフォグラフィックスを作るときに大切にしていることがあります。それは、相手の立場から考えるということです。（２段落）
> ・このように、インフォグラフィックスを作るときには、相手の目的に合わせて、どう見えると分かりやすいのかを考えながらデザインすることが大切です。（５段落）

論説文になると、筆者はどこに（意見・主張）を書くかを工夫します。（意見・主張）を最初に示す「頭括型」、最後にまとめる「尾括型」、最初と最後でくり返し述べる「双括型」。どの書き方にも、それぞれ特有の効果があります。そのため、子どもたちにとって初めての双括型である本教材では、「どこに筆者の考えが書かれているのか」「なぜ、初めと終わりの２ヶ所に自分の考えを書いているのか」などと問い、その効果について考えてみるとよいでしょう。

▶ 「比較」するからこそ、長所や短所が明確になる

（比較）は、１年生の「どうぶつの赤ちゃん」で習得したスイッチです。本教材でも、筆者は（比較）を巧みに使って共通点と相違点を明確にし、自分の考えを説得的に伝えようとしています。

たとえば「アップとルーズで伝える」では、４段落でアップ、５段落はルーズについて説明しています。アップとルーズそれぞれの長所だけでなく、「しかし」「でも」といった接続語を用いて短所も説明しています。だからこそ、筆者の考えである「アップとルーズを選んだり、組み合わせたりすることの大切さ」に、私たちは納得するのです。

「思いやりのデザイン」「アップとルーズで伝える」は、どちらも段落同士の（比較）と段落内での（比較）が見られます。ぜひ、（比較）のスイッチ（教科書には「対比」と書かれています）を活用しましょう。そして、これまで学習した多くのスイッチを意識して学習を進めましょう。

④ 単元計画（全8時間）

時	学習活動	習得／活用スイッチ
1・2	○教材「思いやりのデザイン」を読み、学習の見通しをもつ。 ・筆者の考えとその示し方を確かめ、比較することのよさを捉える。（1時間目） ・筆者の考えに対する自分の考えをまとめる。（2時間目）	意見・主張 資料と文の関係 比較
3	○教材「アップとルーズで伝える」を読み、構成を捉える。 ・「初め－中－終わり」の構成を捉え、それぞれの写真について説明している段落を見つける。	文種 資料と文の関係
4～6	○「アップとルーズで伝える」を読み、段落同士の関係について確かめる。 ・筆者の考えが書かれた文章を見つけ、双括型で書かれている理由を考える。（4時間目） ・「アップ」と「ルーズ」を比較して説明すると、どのような効果があるのかを捉える。（5時間目） ・筆者が、自分の考えを伝えるために工夫しているところについて話し合う。（6時間目）	意見・主張 問いかけと投げかけ 資料と文の関係 段落のまとまり 比較 結論の広がり
7・8	○「アップとルーズで伝える」ということについて、自分の考えをもち、伝え合う。 ・筆者の考えに対して自分の考えをまとめる。（7時間目） ・考えたことを伝え合い、学習を振り返る。（8時間目）	

⑤ スイッチを働かせた授業の姿

［1時間目］ ― 比較 することを通して、筆者の 意見・主張 を捉える―

学習活動	指導のポイント

「思いやりのデザイン」を読んで、筆者の考えを捉えよう

 「思いやりのデザイン」は、1・2段落が「初め」です。その役割について考えてみましょう。

C　1段落は、最初の文で「～でしょう。」という文末を使って、読者に呼びかけているよね。「話題提示」なのかもしれないね。

C　2段落の最後に「まちの案内図を例に、考えてみましょう。」と、もう一度読者に呼びかけているね。

☞ Point
「思いやりのデザイン」は「初め－中－終わり」が本文の上に示されています。ここでは、「どうして、そのように段落が分けられているのか」を考えて、筆者の考えや事例の示し方について捉えられるようにしましょう。

94

C 筆者が大切にしているのは、インフォグラフィックスを作るときに「相手の立場から考える」ことだよ。

 では、「中」の第3～4段落はどのような内容が書かれているでしょうか？

C 3段落はAの案内図、4段落はBの案内図の説明だよね。

C Aの案内図は、誰が見ても分かるように建物が書いてある。

C Bの案内図は、中央小学校までの道順が示されているよ。

C つまり、AとBの案内図では、描かれ方が違っているね。

 このように、比較して考えることには、どのようなよさがあるのでしょうか？

C AとBの案内図の違いがよく分かるよね。

C Aは、このまちに来た多くの人の役に立つところ、Bは目的地まで迷わずに行けるというところが長所だよね。

C 3段落と4段落を「いっぽう」という言葉でつないでいる。AとBの案内図の違いが、分かりやすいよ。

C AとBも段落内でよいところだけでなく、「しかし」を使ってよくないところも紹介している。

C 比較してみると、長所と短所が分かりやすく伝えられるね。

 比較することで、それぞれの長所や短所がよく伝わりました。では、筆者は、この説明文で何を伝えたいのでしょうか？

C 5段落に「このように」があるから、まとめになっているね。

C 筆者は、インフォグラフィックを作るときに大切なことを伝えたいんだ。「相手の目的に合わせて、どう見えると分かりやすいのかを考えながらデザインすることが大切です。」と書いてある。

C でも、その後に「つまり」を使って、「インフォグラフィックスとは、見る人の立場に立って作る、思いやりのデザインなのです。」と書いてあるよ。

C 題名にもつながるし、「～のです」とまとめの文末も使っているから、後の方が筆者が主張したいことだと思うよ。

☞ Point
「資料を用いると言葉や文よりも情報が伝わりやすいこと」や「AとBの案内図を比較することで特徴がつかみやすいこと」に気付けるように言葉かけをすることが大切です。

☞ Point
「いっぽう」や「しかし」といった言葉一つ一つに立ち止まり、逆接の接続語の役割や効果についても理解できるようにします。また、教科書では 比較 を「対比」と書かれています。比較 の中でも、違いをはっきりさせるときは「対比」と呼ぶことを押さえましょう。

☞ Point
これまでの説明文の学習を生かし、「つまり」や「～のです」といった接続語や文末表現に着目できるように促します。

5段落以外にも、同じようなことが書かれていると
　　ころがありましたよ。

C　2段落に「それは、相手の立場から考えるということです。」と
　　書いてある。

C　インフォグラフィックスを作るときに大切なことだよね。これ
　　は第5段落に書いてあることと同じだよ。

　　「初め」と「終わり」で筆者の考えをくり返すこと
　　で、自分の考えをより印象付けているんですね。

☞Point
子どもたちが「双括型」であるこ
とに気付いた際に、「頭括型」や
「尾括型」についても説明をする
とよいでしょう。今後、様々な説
明文を読む際に、筆者の
意見・主張 を探しやすくなりま
す。また、「双括型」で書かれて
いるよさを考える展開もできま
す。

[6時間目] ― 結論の広がり など筆者の考えを伝えるための工夫を捉える―

学習活動	指導のポイント

考えを分かりやすく伝えるために、筆者はどのような工夫をしているのだろう

　　「初め」には、どのような筆者の工夫があるでしょう
　　か?

C　「今はハーフタイム。」は、体言止めだよね。文末に「～です」が
　　ないから、「ハーフタイム」が強調されている。

C　1段落は、ルーズの説明をしている。「会場全体が」と書いてあ
　　るし、写真もルーズで撮ったものだよ。

C　反対に2段落は、アップの説明をしている。中央に立つ選手を
　　映しているから、「顔を上げて、ボールをける方向を見ている」
　　のが分かる。

C　「思いやりのデザイン」でやったように、比較して書いてあるか
　　ら、アップとルーズの違いが分かりやすい。

C　それに、この説明文も「初め」に筆者の考えが書いてある。最
　　後の段落にも書いてあるから「双括型」だ。

　　「中」では、どのような筆者の工夫があるのでしょ
　　うか?

C　3段落の「ゴール直後のシーンを見てみましょう。」というのは、
　　投げかけだよね。読んでいて、その写真を見たくなるね。

☞Point
「アップとルーズで伝える」に
は、たくさんの「比較」が使わ
れています。どのような表現に
よって「比較」していることが
分かるのか、「比較」するとどの
ような効果があるのかについて
は、全員で共有していきましょ
う。

☞Point
「資料と文の関係」のスイッチ
を活用することもできます。
それぞれの段落でアップと
ルーズを説明するのに、写真
が効果的に用いられています。

☞Point
筆者は、「投げかけ」を効果的に
用いています。3・4段落の最初
の一文に「投げかけ」を使い、
読者を自然と写真に目を向ける
ように工夫して書いています。

C 同じ段落で長所だけではなく、短所も比較して伝えている。これも、「思いやりのデザイン」で学んだよ。

C アップとルーズの特徴を、4段落と5段落で比較して、分かりやすく伝えている。

C そして、6段落で「このように」とまとめている。今までだったら、これで「終わり」になるのに、この文章では7段落に新聞の事例が書いてある。

 7・8段落はなくてもいい気がするのですが、どうして筆者は書いたのでしょうか？

C テレビだけでなく、新聞の事例も出した方が説得力があると考えたからだと思う。

C これは、テレビから新聞へ話題が広がっているといえるよね。

C 8段落は、「クラスの友達や学校のみんなに何かを伝えたいと思うことがあるでしょう。」と、さらに話題が広がったね。

C 私たちが「アップ」と「ルーズ」を思い出して、相手に伝えていくことが大切だと筆者は伝えているんだね。

 最後に話題が広がるのも、筆者が考えを伝えるための工夫の1つですね。

☞Point
筆者は、どうして6段落を「終わり」にしなかったのでしょう。自分の考えの説得力を増すために、新聞の事例を入れたことを捉えます。また、それは 結論の広がり をもたらしていることを感じられるようにしましょう。

「思いやりのデザイン／アップとルーズで伝える」

6 今後の教材につながるスイッチ

スイッチ	つながる教材
意見・主張	「未来につなぐ工芸品」（4年）など
問いかけと投げかけ	「見立てる／言葉の意味が分かること」（5年）など
資料と文の関係	「風船でうちゅうへ」（4年）など
段落のまとまり	「未来につなぐ工芸品」（4年）など
比較	「「考える」とは」（6年）
結論の広がり	「想像力のスイッチを入れよう」（5年）
文種	「未来につなぐ工芸品」（4年）→「風船でうちゅうへ」（4年）など

「未来につなぐ工芸品」

4年

① 単元の目標

目的を意識して中心となる語や文を見つけて要約するとともに、工芸品の魅力をリーフレットにまとめることができる。

② 本単元で働かせるスイッチ

[◎習得スイッチ]

考えとよりどころ　　要約

[○活用スイッチ]

筆者　　段落のまとまり

意見・主張　　カギことば

[・定着スイッチ]　文種　構成　要点

③ 教材の特徴とスイッチ

「未来につなぐ工芸品」は、工芸品についての筆者の考えを伝える論説文です。伝統工芸については４年生の社会科でも扱う内容であるため、国語科と社会科の学習を関連させることができます。そして、子どもたちは、本単元ではじめて文章を短くまとめる「要約」に取り組みます。では、どのようにまとめればよいのか、その秘訣を探っていきたいと思います。

▶「要約」は、「カギことば」「意見・主張」「事実」の３点を捉えて

「未来につなぐ工芸品」では、文章の内容を短くまとめる 要約 に取り組みます。目的に応じて、元の文章の構成や表現をそのまま生かしたり、自分の言葉を用いたりしてまとめていきます。 要約 をするためには、 カギことば 意見・主張 考えのよりどころとなる「事実」の３点を捉えることが重要です。

まず、 カギことば は文章中で重要であるため、くり返し使われるという特徴をもっています。それでは「未来につなぐ工芸品」の カギことば を見てみましょう。「工芸品」という言葉はもちろん、「職人」「未来の日本」「文化」「げいじゅつ」「のこす」「よさ」「みりょく」などが複数回用いられています。これらの言葉が、

98

　次に、筆者の (意見・主張) を捉えましょう。4年生からの説明文は論説文が中心となるため、筆者が自分の考えを「初め」と「終わり」に書く「双括型」の構成が多くなります。そこで、筆者の考えを捉える際に注目したいのが文末表現です。「〜だと考えます」「〜だと思います」「〜が大切です」「〜が重要です」などの表現で、筆者は自分の (意見・主張) を表します。それに対して、考えのよりどころとなる「事実」は「〜です」「〜ます」などと書かれます。文末表現から、筆者の考えと事実を見分けることができるとよいですね。

　このように、(カギことば) (意見・主張) 考えのよりどころとなる「事実」をまとめながら、限られた文字数で (要約) できるようにするのが本単元のねらいです。

▶「よりどころ」は、筆者の「考え」の後ろ盾

　筆者は、自分の考えを説得力をもって伝えるために (よりどころ) を大切にしています。それがなければ、いくら自分の考えを訴えても全く説得力はありません。ここでは、「理由」「事例」「根拠」などをまとめて (よりどころ) とします。

　筆者の大牧圭吾さんは「工芸品を未来に残していきたい」という考えをもっています。どのような理由から、そう考えるのでしょうか。また、何を事例や根拠にして考えているのでしょうか。3段落を例に見てみましょう。

・一つ目の理由は、工芸品が、過去、げんざいと続いてきた日本の文化やげいじゅつを、未来につないでくれることです。（理由）
・例えば、奈良県に、「奈良墨」という工芸品があります。（事例）
・木や紙にかかれた墨は、今も消えることなくのこっていて、当時の文化をわたしたちに伝えてくれています。（根拠）

　まず、段落の冒頭で筆者の考えに対する「理由」を示します。次に、「奈良墨」という具体的な「事例」を出し、その後に「根拠」を述べていきます。これは4段落でも同様です。「工芸品を未来に残していきたい」という筆者の考えに (よりどころ) をもたせると、読者は納得して受け止めることができるのではないでしょうか。理由や事例、根拠を示す (よりどころ) は、筆者の (考え) の後ろ盾となるのです。

④ 単元計画（全12時間）

時	学習活動	習得／活用スイッチ
1 ～ 3	○教材「未来につなぐ工芸品」を読み、学習の見通しをもつ。 ・本文を読み、学習計画を立てる。（1時間目） ・「初め‐中‐終わり」に分け、筆者の考えとそのよりどころを捉える。（2時間目） ・筆者の考えに対する事例の取り上げ方を考える。（3時間目）	段落のまとまり 意見・主張 筆者 考えとよりどころ
4 ～ 6	○中心となる語や文を見つけて、要約する。 ・中心となる語や文をノートに整理する。（4時間目） ・200字以内で要約する。（5時間目） ・要約した文章を読み合い、工芸品や筆者の主張について考えたことをまとめる。（6時間目）	要約 カギことば 意見・主張
7 ～ 12	○工芸品についてのリーフレットを作る準備をする。 ・紹介したい工芸品を選び、詳しく調べる。（7・8時間目） ・リーフレットに書くために文章の組み立てを考える。 　　　　　　　　　　　　　　　　　　　（9時間目） ・考えた組み立てをもとに、学習した工夫を使ってリーフレットを書く。（10・11時間目） ・リーフレットを読み合い、学習を振り返る。（12時間目）	意見・主張 段落のまとまり 考えとよりどころ

⑤ スイッチを働かせた授業の姿

［2時間目］ ――筆者の 意見・主張 をもとに構成を捉え、その よりどころ を考える――

学習活動	指導のポイント

筆者の考えが書かれている段落を見つけ、「初め‐中‐終わり」に分けよう

 まず、筆者の考えが書かれている段落を見つけましょう。

C　5段落の「わたしは、工芸品を未来の日本にのこしたいと考えます。」が、筆者の考えだ。

C　7段落にも筆者の考えがあると思う。「わたしは」と筆者が主語になって書いてあるし、文末表現も「考えます」だから。

C　「工芸品を手に取ってみてほしいと思います。」も、思ったことだから筆者の考えだよ。

☞ Point

まず、子どもは「終わり」に着目するはずです。今までの説明文と異なり、「終わり」は複数の5〜7段落となっています。筆者の考えが入っている段落をまとめて「終わり」だと捉えるとよいでしょう。

C　そして、5段落では、「このような理由から」とまとめに入っている。だから、5〜7段落が「終わり」だね。

「終わり」に、筆者の考えが書かれていますね。それでは、「初め」はどの段落でしょうか？

C　1段落は、工芸品について書いてある話題提示の段落だね。

C　2段落にも、文末表現に「考えています」があるよ。

C　「わたしは、工芸品を未来の日本にのこしていきたいと考えています。」だから、筆者の考えだね。

C　2段落と5段落は、同じ考えが書いてある。だから、「アップとルーズで伝える」と同じように「双括型」の説明文だ。

C　ということは、1・2段落が「初め」、3・4段落が「中」、5〜7段落が「終わり」だね。

筆者は、自分の考えを説得力をもって伝えるために、どのように「中」を書いているでしょうか？

C　3、4段落で、工芸品を未来に残したい2つの理由を書いているよね。

C　3段落は、工芸品が「日本の文化やげいじゅつを、未来につないでくれる」とある。だから、筆者は残したいと思っている。

C　4段落は、「かんきょうを未来につないでくれること」と書いてあるね。どちらも、段落の最初に、筆者が工芸品を未来に残したい理由が書いてあるから分かりやすい。

3・4段落で、筆者が考えを伝えるために書いたのは理由だけでしょうか？

C　3段落では、「例えば」を使って「奈良墨」を事例にしているよ。

C　「奈良墨」で書かれたものは、「木や紙に書かれた墨は、今も消えることなくのこっていて」と筆者の考えの根拠になっているよ。ここから、日本の文化や芸術を未来につなげていることが分かる。

C　実際に「奈良墨」があって、今も紙に書かれた墨が残っているんだね。その事例が書いてあるから、私も工芸品を未来に残した方がいいと思ったよ。

☞Point
筆者の考えを捉えるには、「考えます」「思います」といった文末表現に着目するとよいでしょう。

☞Point
「双括型」など馴染みのない言葉は、たとえば「サンドイッチ型」などにし、親しみやすくすることもできます。子どもと一緒に用語を考えてもよいでしょう。

☞Point
筆者の考えに対する よりどころ が3・4段落に書いてあります。各段落の冒頭に、筆者が工芸品を未来に残したい「理由」が書かれています。最も大切なことを段落の最初に書く「段落内頭括型」です。

☞Point
3・4段落では、実際にある「奈良墨」「南部鉄器」を事例に出し、筆者の考えを補強しようとしています。ここでは、「事例」をもとに、考えの「根拠」も書かれています。筆者の「考え」に対する よりどころ といえるでしょう。

理由や根拠のような「よりどころ」があるからこそ、
筆者の考えの説得力が強まりますね。

[5時間目] ─ カギことば 意見・主張 「事実」を入れて 要約 する─

| 学習活動 | 指導のポイント |

中心となる言葉や筆者の考えなどを入れて要約しよう

 前の時間に大切な言葉をまとめました。「初め」には、どんな言葉がくり返されていましたか?

C 「工芸品」「職人」が何度も出ているよ。

C まず、工芸品とは何かを分かりやすく伝える必要があるね。

C 職人は、どのように工芸品を作っているかも入れたいね。

 「初め」には、筆者の考えも書かれていますが、どうすればいいですか?

C 筆者の考えは、「終わり」でも詳しく書かれているから、要約するとき、筆者の考えは最後に書けばいいと思う。

C ここは、「工芸品」と「職人」を中心にまとめたいね。

 最初は筆者の考えを入れず、「事実」を中心にまとめるといいのですね。それでは、「工芸品」「職人」を入れて、短くまとめましょう。

【文章例】

> 職人の手仕事で一つ一つ作られているものを「工芸品」と呼ぶ。職人は、使う人のことを大切に思い、ていねいに工芸品を作っている。(61字)

 では、「中」や「終わり」には、どのようなカギ言葉がありましたか?

C 「未来」や「のこす」「つなぐ」も、カギ言葉だよ。

C 「工芸品をのこす」「未来につないでいく」は、筆者の考えだよね。

☞ Point
教科書に書いてある「中心となる語」が カギことば です。カギことば は、文章中にくり返し使われています。それは、前時でまとめているので、そこから発表するように促しましょう。

☞ Point
要約 する際にポイントとなるのは、「事実」「筆者の考え 意見・主張 」「カギことば」です。これは、最初に押さえておきましょう。

☞ Point
まずは、「工芸品」「職人」の2つの言葉を使って、「事実」を中心にまとめていきます。その際、文末表現を敬体(〜です、〜ます)から、常体(〜だ、〜である)にするとよいでしょう。

C だから、くり返し使われているんだね。カギことばと筆者の考えが重なっているから、要約するときにとても大切だよね。

C 他にも、「工芸品のよさ」は2段落と5段落に出てくるよ。

C 「工芸品のよさ」は、5段落から抜き出せばいいね。

 その他に、要約に入れたいカギことばや筆者の考えはありますか？

C 6段落に、また「職人」が出てくるよ。工芸品のよさをみんなに伝える人も、一人の職人なんだね。私の印象に残ったな。

C 7段落の「自分がどう感じたのか伝えてみてください。」というのは、筆者の思いを感じるから、入れてみたい。

 では、最初にまとめた文につけ加えて、要約した文章を200字以内で書いてみましょう。

【要約例】

> 職人の手仕事で一つ一つ作られているものを「工芸品」と呼ぶ。職人は、使う人のことを大切に思い、ていねいに工芸品を作っている。
> 工芸品には、道具としての便利さ、使いごこち、色や形、もようの美しさなど、さまざまなよさがある。工芸品のよさを伝える人も、工芸品を次の時代にのこす一人の職人だといえる。工芸品をのこすことは、日本の文化やげいじゅつ、そして、かんきょうを未来につないでいくことになる。(191字)

☞Point
(要約)は、一人一人同じまとめ方になるわけではありません。筆者の考えの中でも、どれを大切だと感じるのか、その子どもの想いや考えを大切にしてまとめられるようにしましょう。

☞Point
200字をオーバーしてしまう子どももいるはずです。その際には、「そこから、なくしても大丈夫な言葉はないかな？」などと問いかけて削っていきましょう。
また、子どもたちの実態によっては200字程度としたり、100字、150字など、字数を選べるようにしてもよいでしょう。

4年 「未来につなぐ工芸品」

6 今後の教材につながるスイッチ

スイッチ	つながる教材
考えとよりどころ	「想像力のスイッチを入れよう」（5年）など
要約	「風船でうちゅうへ」（4年）
筆者	「風船でうちゅうへ」（4年）など
段落のまとまり	「見立てる／言葉の意味が分かること」（5年）
意見・主張	「見立てる／言葉の意味が分かること」（5年）など
カギことば	「風船でうちゅうへ」（4年）など

「風船でうちゅうへ」

❶ 単元の目標

　考えとそれを支える理由や事例、全体と中心など情報と情報との関係について理解し、要約したことをもとに紹介する文章を書くことができる。

❷ 本単元で働かせるスイッチ

――――――――［ ○活用スイッチ ］――――――――

(筆者)　(文末)　(資料と文の関係)　(順序)　(カギことば)　(要約)

［・定着スイッチ］(文種)　(構成)

❸ 教材の特徴とスイッチ

　「風船でうちゅうへ」は、筆者である岩谷圭介さんが風船を使って宇宙を撮影しようとした挑戦の「記録（ノンフィクション）」です。読んでいると、まるで筆者が毎日綴っていたであろう実験記録を読んでいるような感覚になってきます。最後に「わたしは、たくさん失敗しながら乗り越えていきます。」と文章を結ぶ岩谷さん。失敗はマイナスなことではなく、そこから試行錯誤して挑戦することが大切だという筆者の熱いメッセージを感じます。そんな岩谷さんの書いた文章に対し、子どもたちは何を思うのでしょう。そして、どんなところに興味をもつのでしょう。本単元では一人一人の興味をもったことを大切にしながら、文章を要約することをめざします。

▶「順序」や「資料と文の関係」を意識しながら伝える「筆者」の技

　「風船でうちゅうへ」を読み終えると、「筆者はどんな人なのだろう」「まだまだ夢を追い続けようとしているなんてすごいな」という思いにかられます。それは、この説明文に (筆者) の人生と熱意がこめられているからでしょう。子どもたちも、自分の努力と創意工夫で夢を叶えた (筆者) の岩谷さんに、興味や憧れを抱くに違いありません。

もちろん、夢を叶えるのは簡単なことではありません。岩谷さんは、何度も何度も失敗をくり返します。しかし、岩谷さんはそこから学び、試行錯誤しながら次の実験の改善へと結び付けます。「一号機」「二号機」…と（順序）を意識した形で文章が進むことで、その流れがよく分かります。

　「風船でうちゅうへ」では、資料も効果的に用いられています。図①から図⑦までを本文と対応させて読むことにより、風船の付け方や大きさ、四号機が落ちた場所などを読者に分かりやすく伝えています。たとえば、「初め」にある図①の写真と本文を合わせて読んでみます。すると「どうして風船で宇宙まで行けるのだろう」「どうやって、こんなきれいな写真が撮れるのだろう」と、驚きや疑問をもつのではないでしょうか。読者は続きの文章が読みたくなってきます。これが（資料と文の関係）の効果です。このように、（順序）や（資料と文の関係）に着目しながら、筆者の挑戦と失敗、そして成功への歩みを読み取っていきましょう。

▶「文末」から「考え」か「事実」かを区別し、「カギことば」を探して「要約」に生かす

　（要約）のポイントは、前回の「未来につなぐ工芸品」で学びましたね。その際に意識したのは、「意見・主張」（カギことば）「事実」の３点でした。「風船でうちゅうへ」は、実験の「事実」を伝えているだけかのように捉えられますが、筆者の「考え」がいたるところに散りばめられています。それを見分けるのが（文末）です。「未来へつなぐ工芸品」でも、そのスイッチを働かせて「事実」と「考え」を区別しました。この文章では、実験の仕方や結果という「事実」を伝える文には「〜ました」「〜のです」という（文末）が使われています。一方で、筆者が考えたことや思ったことについては「〜考えていました」「〜気持ちになりました」「〜感じました」となっています。

　本単元の（要約）は、自分が最も興味をもったことに沿ってまとめます。そのため、（要約）は一人一人が違ったものになるはずです。通常ならば200字程度で書けると思いますが、子どもの実態や興味をもったことによっては、200字から400字程度の許容があってもよいでしょう。また今回の（要約）は、（カギことば）を探しながら筆者の言葉や表現をそのまま生かしつつ、自分の言葉を用いてまとめることを意識するとよいでしょう。

④ 単元計画（全8時間）

時	学習活動	習得／活用スイッチ
1	○教材「風船でうちゅうへ」を読み、学習の見通しをもつ。 ・本文を読んで、興味をもったことや疑問に思ったことを話し合う。	筆者
2・3	○教材を読み、筆者の書き方の工夫を捉える。 ・筆者の書き方の工夫をまとめる。（2時間目） ・筆者の書き方の工夫を伝え合う。（3時間目）	資料と文の関係 順序
4・5	○興味をもったことに沿って大事な言葉や文、筆者の考えなどを書き出し、要約する。 ・興味をもったことに沿って大事な言葉や文を書き出す。 （4時間目） ・書き出した言葉や文を使ったり、自分の言葉を用いたりして文章を要約する。（5時間目）	文末 要約 カギことば
6・7	○教材文を紹介する文章を書く。 ・要約した文章を使って、家の人に紹介する文章を書く。 （6・7時間目）	
8	○紹介文を読み合い、感想を伝え合う。 ・自分の書いた紹介文との違いや「いいな」と思う点を伝え合い、学習を振り返る。	

⑤ スイッチを働かせた授業の姿

[3時間目] ― 順序 資料と文の関係 などに着目しながら、筆者の書き方の工夫を捉える―

学習活動	指導のポイント

筆者は、どんなところを工夫して「風船でうちゅうへ」を書いたのだろう

C 一行空きのところがあって、「初め」「中」「終わり」が分かりやすくなっているね。

C 最初は「今」のことが書いてあって、終わりも「今」に戻っている。そこも工夫だと思う。

C 最初に「カメラを付けた風船を使ってです。」と書いてあるから、私はびっくりした。どうやって風船で宇宙まで行ったんだろうと、続きを読みたくなった。

☞ Point
この説明文は一行空きが二か所あり、「初め」「中」「終わり」が分かりやすく構成されています。「現在−過去−現在」という「額縁構造」になっているのも特徴的です。

C　それに、図①の写真もとてもきれいだよね。この写真があるから、すごいな〜と思って続きが気になったよ。

C　図が①から⑦まであるのも、筆者の説明の工夫だよ。文と図や写真を合わせて読むと、とても分かりやすい。

C　「アップとルーズで伝える」でも、文と写真を重ねて読んだから、分かりやすかったよね。

☞Point
「アップとルーズで伝える」の学習は、ぜひ思い出したいです。子どもの発言が出なければ、教師から問いかけてください。

そうですね。もし、図①から図⑦の資料がなかったら、どうでしょうか？

C　文だけだとイメージがわかないよ。「1号機」がどんなものか、図②を見るから分かりやすく伝わってくる。

C　最初の図①の写真があるからこそ、読んでいて「すごい」と感じる。なければ、どんな地球の写真か分からない。

C　4号機のイメージは、図④がなければ絶対に分からないね。文章だけだと、一人一人が思い浮かべる4号機が違ったものになってしまう。

C　図⑤も大切だよね。「太平洋沖合いに落ちてしまいました。」だけだと、どこか分からないよ。図に「札幌」「千歳」と書いてあるから、北海道での実験だということも分かるよね。

C　図⑥を見てみると、「れんらく先を書いておいたこと」がどんな内容か分かるよね。ここまで筆者は念を入れていたことが伝わるから、すごいと思ったよ。

☞Point
資料と文の関係 の効果は、高学年で詳しく学びます。ここでは、「もし資料がなかったら」と問うことで、資料の重要さが実感できるようにします。授業の流れによっては、「図⑤がなかったら」と聞いたり、「図⑥があるおかげで、どんなことが分かりますか」などと発問したりしてもよいでしょう。

4年
「風船でうちゅうへ」

文と資料を合わせて読むからこそ、分かりやすいのですね。他には、どんな工夫があるでしょうか？

C　「中」では、「1号機」から「2号機」「3号機」と順番に説明されているから分かりやすいよね。

C　「二か月後の十月」という言葉もあるし、時間の順序で書かれていることが分かりやすさにつながっている。

C　結局、成功までに「16号機」まで実験を続けたんだ。

☞Point
「中」が、時間の 順序 に沿って書かれているからこそ、この説明文は分かりやすくなっています。それを捉えるのが「○号機」になります。要約する際の「カギことば」にもなるでしょう。

順序に沿って書いてあるよさを見つけましたね。では、1号機からの実験の書き方で、筆者はどんなところを工夫していますか？

C　失敗した原因が書いてある。だから、次は、そこを直して改良

☞Point
筆者は、失敗しても改善点やヒントを見つけ、次の実験に生かしています。その一連の書き方が筆者の工夫であり、夢を追う筆者の姿勢までもが私たちに伝わります。

しようとする意気込みが伝わってくる。

C　6段落に「回収することの大切さを感じた失敗でした。」と、失敗を次に結び付けようとしているね。

C　だから、7段落では「前回の教訓から、ひもの結び方を改良し」と、前の失敗のことをあえて書いている。

C　筆者は、失敗もマイナスに考えないで次に生かしている。そういうところが、すごいなあと思った。

C　この文章は、「失敗」→「原因」→「改良」→「実験」という流れで書いているから、分かりやすいんだね。

それも筆者の工夫ですね。筆者は自分の考えや気持ちも書いていますがどこか分かりますか？

C　10段落の「自分には無理なちょうせんだったのかもしれないと、暗い気持ちになりました。」からは、筆者が落ち込んでいることが伝わるよ。

C　私たちも筆者と同じような気持ちになってくるね。

C　でも、すぐ後の11段落で「しかし、十日後、四号機が見つかります。」と書いてある。「どうして？」と思うよね。

C　「『もう少しがんばってみたらいいんじゃないか』と言われたような気がしました。」から、まだ筆者はあきらめずに挑戦しようという気持ちが伝わってくる。

筆者の気持ちが分かる文を書き加えることで、読者も一緒に実験をしている気分になります。これも、読者を引き付ける工夫ですね。

☞ Point
この説明文には、「筆者」の気持ちや考えも書かれています。10段落から11段落にかけて、「筆者」の気持ちが書かれており、読者を引きつける工夫の１つとなっています。

[4時間目] ―　要約　するために、　カギことば　や事実、筆者の考えを見つける―

学習活動	指導のポイント

自分が興味をもったことに沿って、大事な言葉や文、筆者の考えを書き出そう

「未来につなぐ工芸品」では、どのように要約をしたか覚えていますか？

C　文章から、大事な言葉や文を抜き出して要約した。

☞ Point
「未来へつなぐ工芸品」で、どのように　要約　をしたのか想起します。今回は自分の興味に沿っ

C 大事な言葉は、くり返し書かれていたね。それを「カギことば」と言ったね。

C 「カギことば」「事実」「筆者の考え」を合わせて、200字以内でまとめたよ。

 今回は自分の興味をもったことに沿って要約します。みなさんは、どんなところに興味をもちましたか？

C 私は、筆者の岩谷さんが、失敗をしてもあきらめずに挑戦し続けたところに興味をもったよ。

C 風船が次々と改良されていくところに興味をもった。どんどん成功に近づいていく様子が分かってすごいなと思ったから、改良のされ方をまとめたい。

C 私は筆者の前向きな姿勢に興味をもった。最後の一文から筆者の気持ちが伝わってくる。

C ここでは、「失敗」「ちょうせん」「改良」などが「カギことば」になっていくね。要約するときに使いたいな。

 この説明文には、筆者の考えもあるのですが、どのように見つければよかったでしょうか？

C 「未来につなぐ工芸品」では、文末から筆者の考えを探したよ。

C 「考えました」「感じました」という文末があるから、そこが筆者の考えを表している。

 次の時間は、自分の興味と関連させて、大事な言葉や文、筆者の考えを書き出し、それを整理して要約しましょう。

て 要約 していきます。筆者の言葉や文だけでなく、自分の言葉を用いてまとめることが大切になってきます。

☞Point
子どもたちが興味をもったところを発表しながら、 カギことば にあたる言葉は何かを捉えられるように発問したり、板書したりします。

☞Point
他にも「気持ちになりました」という文末があります。筆者の考えを表す文にはマーカーをして一目で捉えることができるようにするとよいでしょう。

4 年
「風船でうちゅうへ」

6 今後の教材につながるスイッチ

スイッチ	つながる教材
筆者	「固有種が教えてくれること」（5年）など
文末	「見立てる／言葉の意味が分かること」（5年）など
資料と文の関係	「固有種が教えてくれること」（5年）など
カギことば	「見立てる／言葉の意味が分かること」（5年）など

5年 「見立てる/言葉の意味が分かること」

① **単元の目標**

　原因と結果の関係を理解し、表現や構成に注意して文章の要旨を捉え、言葉の意味について考えたことを伝え合うことができる。

② **本単元で働かせるスイッチ**

[◎習得スイッチ]

（ 要旨 ）（ 原因と結果 ）

[○活用スイッチ]

（ 意見・主張 ）（ カギことば ）
（ 段落のまとまり ）

[・定着スイッチ]　（ 資料 ）（ 問いかけと投げかけ ）（ 文種 ）（ 文末 ）（ 構成 ）

③ **教材の特徴とスイッチ**

　「見立てる / 言葉の意味が分かること」は、高学年になって初めて読む論説文です。子どもたちは、４年生で「アップとルーズで伝える」や「未来につなぐ工芸品」といった論説文を学習しました。そこでは、筆者が自分の主張に対する説得度を高めるために、複数の事例を挙げたり、事柄を対比したり、双括型の構成にしたりするなど、書き方を工夫していることを捉えてきました。本単元では、それらの効果を考えながら、文章の（ 要旨 ）を把握することをねらいとします。

▶ **内容や考えの中心を捉えて、「要旨」をまとめる**

　本単元で初めて（ 要旨 ）という言葉が登場します。中学年で「要約」という似たような言葉を学びました。「要約」は、文章の内容をぎゅっと短くまとめたものでした。「要約」するためには、「事実」「カギことば」「考え」の３点を意識することが重要でしたね。その「要約」の先にあるのが（ 要旨 ）です。

　では、（ 要旨 ）とは何でしょうか。「学習に用いる言葉」には、「筆者が文章で取り上げている、内容や考えの中心となる事がら」と書かれています。文章の内容や、筆者の考えの中心は、最終段落に書き表されることが多くあります。子どもた

110

ちが次に学ぶ説明文教材「固有種が教えてくれること」では、150字以内で要旨を
まとめる活動が設定されているので、「言葉の意味が分かること」も （要旨）を
150字以内でまとめてみましょう。そのため、まずは最終段落をはじめ筆者の考
えの中心が書かれている叙述はどこかを捉えます。「言葉の意味が分かること」の
要旨例を載せますので、参考にしてください。

> 言葉の意味には広がりがあり、言葉を適切に使うためには、そのはんいを理解する必
> 要がある。つまり、母語でも外国語でも、言葉を学んでいくときには、言葉の意味を
> 「面」として理解することが大切になる。さまざまな場面で言葉を学んでいくとき、
> 「言葉の意味は面である」ということについて、考えてみてほしい。（145字）

▶「原因と結果」～読者の納得に向けての工夫～

　「言葉の意味が分かること」では、 （原因と結果）の関係に目を向けます。高学年
の知識・技能として重要なスイッチです。

> 結果：「歯でくちびるをふんじゃった。」この子は、「歯でくちびるをかんじゃった。」
> 　　　と言いたかったのです。それなのに、どうしてこんな言いまちがいをしたので
> 　　　しょう。（6段落）
> 原因：この子は、「かむ」という言葉を知らず、その代わりに、似た場面で覚えた
> 　　　「ふむ」を使ったのでしょう。つまり、この言いまちがいの原因は、自分が覚
> 　　　えた言葉を、別の場面で使おうとしてうまくいかなかったことといえます。
> 　　　（7段落）

　言い間違いの「結果」だけではなく、7段落でその「原因」を説明していること
が分かります。もし、6段落の「結果」しか書かれていなければ、読者はどのよう
に思うのでしょうか。どうして、そのような言い間違いをしたのか、その「原因」
を知りたくなりますよね。 （原因と結果）をセットで書くことにより、事例と筆者
の主張との結び付きが分かりやすくなります。6・7段落の関係と同様に、筆者は
8段落で「朝食にスープを食べました」という言い間違いの「結果」を出して、9
段落でその「原因」を説明しています。

　高学年の説明文では、特に「結果」とその結果を生み出す「原因」を記した段落
をセットで探し出せる目をもてるようにしましょう。この （原因と結果）の関係を
捉える力は、話したり書いたりするときも必要になります。「結果」には、必ず
「原因」がつきものですから。

時	学習活動	習得／活用スイッチ
1・2	○教材「見立てる」を読み、学習の見通しをもつ。 ・事例や構成に着目して筆者の考えを捉え、要旨をまとめる。 （1・2時間目）	意見・主張 要旨 カギことば
3〜5	○教材「言葉の意味が分かること」を読み、構成や筆者の考えを捉える。 ・段落のまとまりに着目して、文章の構成を捉える。 （3時間目） ・「中」を内容のまとまりごとに分け、筆者の考えと結び付けて捉える。（4時間目） ・文章の要旨を150字以内でまとめる。（5時間目）	意見・主張 要旨 段落のまとまり カギことば
6	○2つの事例を、原因と結果という関係で捉える。	原因と結果
7	○筆者の考えや事例の示し方に対する考えをまとめる。 ・まとめた考えを伝え合い、学習を振り返る。	

⑤ スイッチを働かせた授業の姿

[1・2時間目] ― カギことば に着目して筆者の考えを捉え、 要旨 をまとめる―

学習活動	指導のポイント

「見立てる」を読み、筆者の考えをまとめよう

「見立てる」では、筆者の考えは何段落に書かれているでしょうか？

C 「初め」の1段落にあるね。「そこには想像力が働いている。」というのは、筆者の考えだね。

C 「終わり」の6段落も「見立てるという行為は、想像力にささえられている。」と書いてあるから、筆者の考えだよ。

C ということは、筆者の考えが「初め」と「終わり」にある双括型の文章だね。

C 6段落には、「想像力」という言葉が2回も出てくるよ。くり返し書かれているから、筆者が伝えたい中心となる言葉だね。

☞ Point
まず、筆者の考えを捉えます。「働いている」という断定した表現、「関わっているのだ」という強い「文末」に着目するとよいでしょう。

☞ Point
「想像力」は、中心となる語である カギことば になります。説明文では、くり返し出される言葉や文に着目することが大切です。

C だから、「想像力」はカギ言葉だ。筆者の考えをまとめるときに
　大切な言葉になるね。

次に、「中」を見ていきます。筆者は、どうしてあ
や取りの事例を挙げているのでしょうか？

C 1段落に書いてある「たがいに関係ない二つを結び付けるとき、
　そこには想像力が働いている。」ということを、具体的に説明し
　たかったんだよ。

C だから、2段落で「あや取りを例に考えてみよう。」と書いてい
　るんだね。

C 「見立てる」というのは、1段落に「あるものを別のものとして
　見るということ」と書いてあるよね。それが、あや取りの事例
　で具体的に想像できるよ。

では、筆者は「中」の事例の書き方で、どんなとこ
ろを工夫しているでしょうか？

C 写真Aと写真Bを使って、文と写真を結び付けているから分か
　りやすいよね。

C 4段落は日本、5段落は世界と事例の順序にも気をつけている
　よ。私たちに身近なのは日本だからね。

C 4段落に「それぞれの土地の生活と、より関わりの深いものに
　見立てられた結果といえる。」と書いてある。あや取りの名前が
　地域によって違う理由がよく分かった。

C 5段落の事例も、アラスカとカナダでは呼び方が違う。それも
　自分たちの生活に身近なものに見立てた結果だと分かるよ。

C あや取りを事例に出すことで、筆者は自分の考えを読者に一番
　分かりやすく伝えられると思ったんだね。

筆者の考えや内容の中心を短くまとめたものを「要
旨」と言います。「見立てる」の要旨を100字程度
でまとめましょう。

C 筆者の考えは、1段落と6段落にあるから、そこを中心にまと
　めればいいよね。

C 「想像力」はカギことばだし、「見立てる」も題名がカギことば
　だから、どちらも要旨に入れたい言葉になるね。

☞Point
次に、「中」の事例について考え
ます。筆者は、どうしてあや取り
の事例を挙げたのか、筆者の考
えと結び付けて考えましょう。

☞Point
今までに習得したスイッチを活
用して、筆者の工夫を読み取り
ましょう。「もしAとBの事例が
逆だったら」「もし4段落と5段
落がなかったら」などの発問も考
えられます。筆者の考えに説得
力を与える「中」の事例の重要さ
に気付けるようにしましょう。

☞Point
次の「言葉の意味が分かること」
でも 要旨 をまとめるため、
「見立てる」を使って練習しま
しょう。基本的には、「終わり」
の段落をもとにしながら短くまと
めます。

5年

「見立てる／言葉の意味が分かること」

C　6段落の「『見立てる』という行為は、想像力にささえられている。」だけでは、「見立てる」がどういう意味か分からないよね。

C　だから、「見立てる」とは、どういうことかを説明することが大切だよ。

C　あやとりを例にして、「見立てる」とはどういうことかを説明することもできるね。

要旨例

> 「見立てる」とは、あるものを別のものにして見ることである。あや取りの形の名前が地域によってちがうように、「見立てる」という行為は、想像力に支えられている。想像力は、わたしたちを育んでくれた自然や生活と深く関わっている。
> 　　　　　　　　　　　　　　　　　　　　　（109 字）

[6 時間目]　—筆者の考えを支える「中」の事例の工夫を考え、 原因と結果 の関係を捉える—

学習活動	指導のポイント

筆者の考えを伝えるために、「中」ではどのような工夫をしているのだろう

C　4時間目に学習したけど、「中」は、さらに4つに分けられたよね。4つの事例が紹介されていたよ。

C　最初は、「コップ」の事例だよね。1段落の「言葉の意味には広がりがある」ことを説明するために書いてあるよ。

C　「歯でくちびるをふんじゃった。」と「朝食にスープを食べました。」いう言い間違いの事例もあるね。これも、言葉の範囲を理解する必要があるという筆者の考えを支える事例だね。これらの事例があるから筆者の考えに納得したよ。

6段落の「歯でくちびるをふんでしまった」の事例の後に、どうして7段落が必要なのでしょうか？

C　「歯でくちびるをふんじゃった」と言ったのはどうしてか、読んでいる人が気になるからだよ。

C　もし、7段落がなければ、読者はモヤモヤするよ。

C　「どうしてこんないいまちがいをしたのでしょうか。」と問いか

けて、その答えを知りたいと思えるようにしているんだ。これも筆者の書き方の工夫だね。

 6段落を「結果」、7段落を「原因」だとすると、どんなことが大切だと言えるでしょうか？

C 「結果」だけ書いても説得力がないよね。その「結果」になった「原因」も書くことが大切だよね。

C だから、「この言いまちがえの原因は」と、わざわざ「歯でくちびるをふんじゃった」と言った「原因」が書いてあるんだ。

C 8段落と9段落も同じような「結果」と「原因」の関係になっているよ。

C 8段落の「朝食にスープを食べました」というのは「結果」だよね。9段落で、日本語の「食べる」と英語の「eat」は言葉の範囲が違うから、言い間違いをしたという「原因」を説明しているね。

C 結果だけしか書いていないと、どうして言い間違えたのかなと疑問に思ってしまう。「結果」と「原因」は、セットで使うことが大切なんだね。

C 言い間違いの「結果」に対して、その「原因」を具体的に説明している。それが、筆者の「言葉の意味は面である」という主張につながると感じたよ。

 「結果」と「原因」がセットで書かれているからこそ、筆者の考えがより分かりやすくなりますね。

☞ Point
ここで 原因と結果 という言葉を用いて、その関係を理解できるようにします。

☞ Point
原因と結果 は、セットの関係です。その関係が、筆者の説明の工夫として「中」の段落に組み込まれていることに気付けるようにしたいですね。

5年
「見立てる／言葉の意味が分かること」

6 今後の教材につながるスイッチ

スイッチ	つながる教材
要旨	「固有種が教えてくれること」（5年）など
原因と結果	「固有種が教えてくれること」（5年）など
意見・主張	「固有種が教えてくれること」（5年）など
カギことば	「固有種が教えてくれること」（5年）など

5年 「固有種が教えてくれること」

❶ 単元の目標

　　文章と図表などを結び付けながら筆者の説明の工夫を捉え、筆者の論の進め方に
ついての考えを伝え合うことができる。

❷ 本単元で働かせるスイッチ

[○活用スイッチ]

　（資料と文の関係）（意見・主張）（要旨）（筆者）（原因と結果）

[・定着スイッチ]　（構成）（問いかけと投げかけ）（主語と述語・係り受け）（文末）
（カギことば）

❸ 教材の特徴とスイッチ

　　「固有種が教えてくれること」の筆者は、動物学者の今泉忠明さんです。子ども
たちに大人気の『ざんねんないきもの事典』の筆者です。固有種が住む日本の環境
を残さなければならない。そのことを伝えるために、今泉さんは資料の使い方や論
の進め方を工夫して読者との距離を縮めています。それらの筆者の工夫を学び、子
どもたちが説得力のある文章を書けるようにしたいですね。

▶「資料と文の関係」で説得度を高める

　　「固有種が教えてくれること」の一番の特徴は、図・写真やグラフ、表といった
資料（非連続型テキスト）が７種類も使われていることです。なぜ、筆者の今泉さ
んは多くの非連続型テキストを載せて文章を書いたのでしょうか。資料１：日本と
イギリスの陸生ほ乳類に関する表を例に、その効果を考えてみましょう。

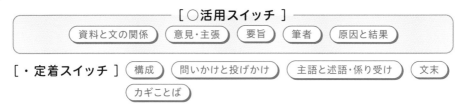

	国土面積	陸生ほ乳類の種の数 （うち固有種）	１万㎢当たりの種の数
日本	約 37.8 万㎢	107 種（48 種）	2.83 種（1.27 種）
イギリス	約 24.3 万㎢	42 種（０種）	1.73 種（０種）

（国立科学博物館資料より）

まず、「陸生ほ乳類の種の数（うち固有種）」を見てみます。文章中では、日本には「百七種がいて、そのうち半数近くの四十八種が固有種です。」、イギリスは「四十二種がいますが、固有種はゼロ。」と書かれています。それらの叙述に対応する表を見てと、日本とイギリスの状況が上下で簡潔に対比して表されていることが分かります。日本の固有種の多さが、読者に際立つような効果をもたらしています。

　さらに、この表には、文章中にはない「1万km²当たりの種の数」が載っています。この情報を文字に起こすと、どうしても長くなってしまいます。ですが、資料として載せると簡潔に表せます。この情報は、哺乳類が生息する率は日本もイギリスもそこまで変わらないのに、固有種の生息する数は大きく違うことを読者に印象付けているといえるでしょう。

　このように、表は、対比をして違いをはっきりさせたり、説得度を高めたり、文章量を減らしたりできるという点に大きな効果があるのです。他の非連続型テキストも含め、子どもたちと（ 資料と文の関係 ）の効果について考えたいですね。

▶「意見・主張」を伝えるための「主語」と「問いかけ」に立ち止まる

　論説文には、筆者の（ 意見・主張 ）が書かれています。この文章の構成は「双括型」なので、筆者の考えが「初め」と「終わり」に表されています。その「初め」と「終わり」の筆者の考えを比べてみましょう。

> ・わたしは、この固有種たちがすむ日本の環境をできるだけ残していきたいと考えています。（初め）
> ・わたしたちは、固有種がすむ日本の環境をできる限り残していかなければなりません。それが、日本にくらすわたしたちの責任なのではないでしょうか。（終わり）

　まず、主語が「わたし」から「わたしたち」に変わっています。読者に日本の環境について当事者意識をもって考えてもらうために、筆者はあえて主語を「わたしたち」としたのです。さらに、文末は「残していきたいと考えています」から「残していかなければなりません」という強い表現に変わっています。最後は「責任なのではないでしょうか」と、読者に問いかけて余韻を残しています。筆者は自らの（ 意見・主張 ）を訴えるために、主語と文末を工夫して書いているのです。

4 単元計画（全10時間）

時	学習活動	習得／活用スイッチ
1	○教材「固有種が教えてくれること」を読み、学習の見通しをもつ。 ・教材文を読み、学習計画を立てる（1時間目）	筆者
2・3	○文章の構成を考え、内容を捉える。 ・文章を「初め−中−終わり」に分けて、筆者の考えを捉える。（2時間目） ・文章の要旨を150字以内でまとめる。（3時間目）	要旨 意見・主張
4・5	○文章と図表やグラフ、写真との関わりについて考える。 ・文章や図表やグラフ、写真が使われている効果について話し合う。（4時間目） ・環境問題について書かれた本を読み、感想を伝え合う。（5時間目）	資料と文の関係 原因と結果
6〜10	○資料の効果を生かし、環境問題について考えたことを書く。 ・統計資料を集めて、自分の考えをもつ。（6時間目） ・文章の構成を考え、書くことを整理する。（7時間目） ・グラフや表を用いて文章を書く。（8・9時間目） ・書いた文章を読み合い、学習を振り返る。（10時間目）	資料と文の関係 意見・主張

5 スイッチを働かせた授業の姿

[2・3時間目] —筆者の 意見・主張 を捉え、 要旨 をまとめる—

学習活動	指導のポイント
文章を「初め−中−終わり」に分け、要旨をまとめよう	
C まず、筆者の主張が文章のどこに書いてあるか考えることが大切だよ。 C 高学年の説明文は、筆者は双括型で書くことが多かったね。 C この説明文も、「初め」に筆者の主張がある。2段落の「わたしは」は、筆者の今泉さんのことだ。 C 文末も、「考えています」だから、ここが筆者の主張だ。 C 「固有種たちがすむ日本の環境を、できるだけ残していきたい」と書いてあるから、1・2段落が「初め」だよ。	☞ Point 論説文では、筆者の考えが書かれている段落に着目します。その際に目を向けたいのが、筆者の考えを表す文末表現です。

では、「終わり」がどの段落かを考えれば、「初め」「中」「終わり」が分かりますね。

C 「終わり」は11段落だよ。「わたしたちは、固有種がすむ日本の環境をできる限り残していかなければなりません。」と、2段落と同じことが書いてある。

C これは筆者の考えだね。最後の文も「わたしたちの責任なのではないでしょうか。」と読者に投げかけているから、筆者が読者に考えてほしいことだと思う。

C ということは、この説明文は双括型だ。1・2段落が「初め」、3〜10段落が「中」、11段落が「終わり」だね。

そうですね。ですが、「初め」と「終わり」で、筆者の表現に違いはないでしょうか？

C 「初め」では主語が「わたしは」と書いてあるけど、「終わり」には「わたしたち」になっている。

C 文末も「考えています。」から「いかなければなりません。」と強い感じがする。

「初め」と「終わり」で、主語や文末を変えると、どのような効果があるのでしょうか？

C 「終わり」で「わたしたちは」と言われると、自分も日本の環境について考える責任があるというように感じる。

C 「わたし」だけだと今泉さんだけだ。でも、「わたしたち」になると、自分もそうだし、日本に住む人たちみんなが考えていかなければならない問題だと思える。

だったら、どうして、今泉さんは「初め」で「わたしたちは」と表現しなかったのでしょうか？

C 最初から「わたしたち」と書いても、まだ何の説明もしていないから説得力がないよね。

C だから、文末も「できるだけ残していきたいと考えています。」と書いている。「初め」は、強い文末を使わないんだ。

C けれど、「終わり」は文末も含めて読者を巻き込んでいる。「残していかなければなりません。」と読者に強く訴えかけているね。

☞Point
ここでは「初め」→「終わり」で考えていますが、「終わり」→「初め」でも問題ありません。子ども自身の力で、「初め‐中‐終わり」を捉えることができるようにしたいですね。

☞Point
筆者は、「初め」と「終わり」で主語と「文末」を変えています。どうして、そのような表現にしたのか、その効果を考えていきます。

☞Point
物語文の「たずねびと」でも、綾は最後に「わたしたち」という言葉を使って心情を表していました。物語文と説明文にそんなつながりがあるのもおもしろいですね。

☞Point
主語と「文末」を変えることにより、読者に当事者意識が生まれます。最後の一文は、強い「文末」ではなく、「投げかけ」をしていることもポイントです。環境問題についての説明文を書くときに、「文末」も意識できるようにしたいですね。

C　最後の一文は、「責任なのではないでしょうか。」と投げかけて、
　　余韻を残している。その後も考え続けてしまうよ。

筆者の考えの部分にも、たくさんの工夫があるので
すね。それでは、それをもとに文章の要旨を150字
以内でまとめましょう。

☞Point
「終わり」をもとに筆者の考えを
まとめると約60字となります。
そこに11段落で大切だと思う表
現を抜き出して、筆者の考えに
つなげて 要旨 をまとめましょ
う。

【要旨例】

> 固有種は、生物の進化や日本列島の成り立ちの生き証人と
> してきちょうな存在である。また、日本列島の豊かで多様
> な自然環境が守られていることのあかしでもある。だから
> こそ、わたしたちは、固有種がすむ日本の環境をできる限
> り残していかなければならない。それが、日本にくらすわ
> たしたちの責任である。　　　　　　　　　　　（140字）

[4時間目] ―文章全体を通して、 資料と文の関係 の効果を捉える―

学習活動	指導のポイント

図表などの資料を用いると、どのような効果があるだろうか

これまで読んできた説明文の中で、資料を用いて効
果的に書かれたものはありましたか？

C　「アップとルーズで伝える」があったよね。アップとルーズの写
　　真が使い分けられていて分かりやすかったよ。

C　「風船でうちゅうへ」も、そうだよね。1号機、2号機と文章だ
　　けではイメージしにくいけど、図を見ると一目で分かった。

☞Point
資料と文の関係 のスイッチを働
かせた既習の説明文を振り返る
のも効果的です。教室の大型モ
ニターに絵や写真を提示すると
よいでしょう。

そうでしたね。では、「固有種が教えてくれること」
の資料には、どのような効果があるのでしょうか？

C　資料1は、日本とイギリスを比較した表だよ。日本とイギリス
　　の国土面積や陸生ほ乳類の数、1万㎢あたりの種の数を上下で
　　比べているね。

C　資料2は、「日本列島の成り立ち」だよね。図1から図4までの
　　流れが分かりやすく示されているよ。

☞Point
資料1から7までの資料の効果を
捉えます。文章とのつながりに
着目しながら、資料の効果につ
いて考えられるようにしましょう。

C　資料3と4は、5段落と対応している。気温、標高の違いが示されているね。

C　5段落の「寒い地域からあたたかい地域までの気候的な違いが大きく」の文が資料では色で分けられている。だから、一目見ただけで気候の違いが分かる。

C　資料5は、実際に絶滅したとされる動物の写真が載っている。

Point
「これらの中で、自分が最も大切だと考える資料はどれか」など、焦点化して考えてみるのもよいでしょう。

 どうして、今泉さんは、資料5のニホンオオカミやニホンカワウソの写真を載せたのでしょうか？

C　8段落に「最後に消息を絶った」や「絶滅が宣言されました」と書いてある。見たことがない読者がたくさんいるはずだから、興味を引き付けるために載せたと思う。

C　文だけだと一人一人のニホンオオカミなどのイメージが違ったものになってしまうから、それを防ぐ効果もあるよ。

Point
子どもたちと一緒に、資料の効果を「○○パワー」という言葉でまとめることもできます。たとえば、資料5なら「パッと見パワー」「リアルパワー」「興味ひくひくパワー」などが考えられます。

 そうですね。もし、これらの資料がなかったどうでしょうか？

C　資料2がないと、文章だけではイメージがわかない。「更新世前期」「完新世」という言葉は難しいけど、図1から図4まで時間の流れで示されているから、捉えやすいよ。

C　資料6と7がなければ、具体的な数値が分からない。

 筆者の今泉さんは、資料を効果的に使うことで説得度を高めているのですね。

Point
「もし、この資料がなかったら」と発問することで、（資料や文の関係）や読者の立場から資料の効果を考えることができます。ここでは紙面の都合上まとめて書いていますが、「もし資料1がなかったら」「もし資料2がなかったら」と、一つの資料に焦点をあてて考えてもよいでしょう。

5年
「固有種が教えてくれること」

6　今後の教材につながるスイッチ

スイッチ	つながる教材
筆者	「『鳥獣戯画』を読む」（6年）
資料と文の関係	「『鳥獣戯画』を読む」（6年）
要旨	「『考える』とは」（6年）
意見・主張	「想像力のスイッチを入れよう」（5年）など
原因と結果	「笑うから楽しい／時計の時間と心の時間」（6年）

「想像力のスイッチを入れよう」

5年

❶ 単元の目標

　　事例と筆者の意見との関係に気をつけながら文章を読み、メディアとの関わりについて考えを伝え合うことができる。

❷ 本単元で働かせるスイッチ

[○活用スイッチ]

第一段落の工夫　　カギことば　　考えとよりどころ

結論の広がり　　意見・主張　　知識・体験

[・定着スイッチ] 　題名・話題　　資料　　問いかけと投げかけ　　構成

❸ 教材の特徴とスイッチ

　　「想像力のスイッチを入れよう」は、メディアからの情報の受け取り方について述べられた論説文です。図や複数の事例を用いて、読者が納得しやすいように工夫して書かれています。筆者の意見である「想像力のスイッチ」を入れることは、これからの社会で主体的・批判的に情報を読み解く上で重要です。本単元では、内容の読み取りはもちろんのこと、これまで習得したスイッチを活用し、読者を引き付ける筆者の構成や表現の工夫を捉えましょう。

▶「第一段落の工夫」など、序論である「初め」の工夫を捉える

　　「想像力のスイッチを入れよう」の特徴の1つとして、序論である「初め」が1～6段落と、既習の説明文に比べて長いことが挙げられます。どうして、筆者はこのような構成にしたのでしょうか。そこには、読者を本論へといざなう筆者の工夫がこめられているのです。

　　まずは、　第一段落の工夫　です。「学校のマラソン大会で、あなたが十位に入ったとしよう。」と、子どもが想像しやすい事例から書き始めています。しかも、二人称の「あなた」を用いることにより、筆者が読者に語りかけているように感じま

122

す。

　次に、5段落は図形の事例です。図①から図③を効果的に用いて、私たちに思い込みの危うさを気付かせてくれます。その直後の6段落は、「このような思い込みを減らすため」と書き出し、流れるように筆者の意見へと導きます。

　このように、あえて複数の事例を挙げているため、「初め」が1〜6段落と長いのです。しかし、読者はその長さをあまり感じません。序論である「初め」を工夫することにより、読者と説明文の距離がぐんと縮まる。そんな筆者の工夫を子どもが気付けるように学習を展開したいですね。

▶「カギことば」に目を向けて

　「想像力のスイッチを入れよう」は、題名から（ カギことば ）を使っています。「想像力のスイッチ」とは、筆者が作った言葉です。まず、この題名が「何だろう？」「どういうことなのかな？」と興味を引き付ける工夫になっています。「想像力のスイッチ」という言葉は、本文の中にも「　」をつけて表現されています。それだけ重要な（ カギことば ）だということが分かるでしょう。

　では、「想像力のスイッチ」とは何でしょうか。それを捉えるためには、『　』で表された言葉に立ち止まる必要があります。『まだ分からないよね。』『事実かな、印象かな。』『他の見方もないかな。』『何がかくれているかな。』の4つの『　』に着目すれば、筆者の考える「想像力のスイッチ」とは何かをまとめることができます。「　」や『　』の付いた言葉には必ず立ち止まりましょう。

▶ 筆者の「意見・主張」から生まれる「結論の広がり」

　「あなたの努力は『想像力のスイッチ』を入れることだ。」第一段落と同じように最後の段落でも、筆者は読者に対して「あなた」と呼びかけます。二人称の「あなた」を使うことで、私たちに当事者意識が生まれます。また、「小さいまどから小さい景色をながめるのではなく」「大きな景色をながめてほしい」と、比喩を用いて自らの意見を結んでいます。メディアからの情報だけでなく、様々なことに「想像力のスイッチ」を入れてほしいという筆者の（ 意見・主張 ）は、（ 結論の広がり ）をも生み出しているのです。

④ 単元計画（全6時間）

時	学習活動	習慣／活用スイッチ
1	○教材「想像力のスイッチを入れよう」を読み、学習の見通しをもつ。	
2・3	○筆者が伝えようとしていることを捉える。 ・文章全体を「初め」「中」「終わり」に分け、筆者の意見を捉える。（2時間目） ・筆者が、どのような工夫をして文章を書いているのかを考える。（3時間目）	意見・主張 第一段落の工夫 結論の広がり 考えとよりどころ
4	○筆者が考える「想像力のスイッチ」は何かを捉える。 ・本文中の大事な言葉（『　』）に着目して「想像力のスイッチ」とは何かをまとめる。	カギことば 意見・主張
5・6	○これまでの経験を振り返って、メディアとの関わり方について考える。 ・メディアとの関わりについて、自分の考えをノートにまとめる。（5時間目） ・書いたものを読み合い、学習を振り返る。（6時間目）	結論の広がり 知識・体験

⑤ スイッチを働かせた授業の姿

［3時間目］ ― 第一段落の工夫 や よりどころ など、筆者の「説得」の工夫を捉える―

学習活動	指導のポイント

筆者は、どのような工夫をして文章を書いているのだろう

 まず、「初め」で筆者の工夫が感じられるところはありますか？

C　1段落で「学校のマラソン大会で、あなたが十位に入ったとしよう。」から、工夫しているよ。今までの説明文と違って、いきなり事例があるからおもしろい。

C　マラソン大会は学校のことだから、私たちが、想像しやすい事例だよね。

C　読者のことを「あなたが」と書いている。自分に向かって話し

☞ Point
まずは、「第一段落の工夫」から考えます。書き出しから、読者を説明文の中にいざなっています。これは、6年生の「『鳥獣戯画』を読む」につながるスイッチです。じっくりと筆者の工夫を考え、そのよさを実感できるようにしましょう。

ているみたいに感じるから、工夫していると思う。

C 「十位に入ったとしよう。」も呼びかけられている感じがするし、実際に10位になったとして続きが読みたくなるね。

 第1段落から筆者の工夫が見られますね。他の段落では、どうでしょうか？

C 5段落は、図形の事例だよね。「初め」に2つの事例を出して説明するなんてめずらしい筆者の工夫だね。

C 図①を見ると円が隠れていると思ったし、図②では四角形だと思った。けれど、図③のような形とは想像しなかったからびっくりした。

C 図形の事例は「そうか！」と納得した。12段落の説明にも、この図形の事例が使われているよ。

C 5段落に、「思い込みということになる」と書いてあるけど、本当にそうだった。

C そして、6段落の「このような思いこみを減らすため」につながるね。ここが、筆者の意見だったよね。

C 主張は6段落と最後の段落にあるから、「双括型」だ。最初に筆者の意見があると分かりやすい。

 確かに双括型ですが、筆者の意見が書かれるまでに6段落もかかっていて長いですね。2つの事例は、なくてもよいのではないでしょうか？

C 2つの事例は必要だよ。これらの事例があるから、続きを読みたくなった。

C マラソン大会の事例は、4段落の「メディアから発信される情報もまた、事実の全ての面を伝えることはできない」という文につながるから必要だと思う。

C もし、事例がなかったら、「事実の全ての面を伝えることはできない」ということに説得力がなくなってしまう。

C この2つの事例があるからこそ、「想像力のスイッチ」とは何かなと、考えて読みたくなるんだよ。

 そうですね。では、「中」には、どんな事例が書かれていましたか？

☞Point
これまでに読んだ説明文との違いは、「初め」に事例が2つ挙げられていることです。4年生以降の説明文の多くは、「双括型」で書かれています。ここで、「双括型」のよさを復習してもよいでしょう。

☞Point
子どもの実態によって、「事例がない方が、筆者の意見がすぐにきて分かりやすいよね」と、揺さぶることも考えられます。「もし、事例がなかったら」「もし、事例が1つだったら」と仮定して考えてみるのもよいでしょう。

☞Point
サッカー監督の就任の事例の他にも、「考えてみよう」「習慣をつ

5年
「想像力のスイッチを入れよう」

C サッカー監督の就任についてのメディアの事例が出されている。四角で囲んでいるから、分かりやすい。

C 7段落からサッカー監督の就任の事例が続いているね。

C 「裏口から逃げるように出ていきました。」という文からは悪いイメージがある。この文を書いた人の印象が混じっているから気をつけないといけないと思うね。

C 筆者は、自分の意見に結び付けられるような事例をたくさん入れて文章を書いているんだ。

 筆者は自分の意見を読者に伝えるために、事例などの「よりどころ」を工夫しているのですね。

けよう」などの「呼びかけ」、一文の短さなどの工夫があります。「〜したとしよう」は、読者が想像しやすいように書かれた特徴的な文末です。

[4 時間目] ──（カギことば）と（意見・主張）を関連付けて、「想像力のスイッチ」について考える──

学習活動	指導のポイント

筆者の意見を捉え、「想像力のスイッチ」とは何かを考えよう

 筆者は、この文章でどんなことを読者に伝えているのでしょうか？

C 「あなたの努力は『想像力のスイッチ』を入れることだ。」ということを伝えたい。言い切って書いているから、筆者の意見が印象に残る。

C この説明文は「双括型」だから、6段落も筆者の意見だよ。「あたえられた情報を事実の全てだと受け止めるのではなく」と書いてあるから、いろいろな見方をしてほしいんだ。

C それは、最後の段落の「あたえられた小さいまどから小さい景色をながめるのでなく」につながる。大切なことだから、最後に比喩を使ってもう一度伝えているんだ。

C でも、「想像力のスイッチ」を言葉にするのは難しい。「想像力のスイッチ」は、筆者が作った言葉だよね。

 想像力のスイッチという言葉に「　」を付けていますね。どうして「　」をつけているのでしょうか？

☞Point
この説明文は双括型で書かれています。6段落と最後の段落を結び付けて考えるようにします。最後の段落は比喩を用いて書かれており、読者の想像を広げる働きをしています。

☞Point
「　」は強調したいときに使います。そのため、筆者が伝えたい大切な言葉である（カギことば）だと気付くことができます。

C 「　　」があると、読者の印象に残りやすいからだと思う。

C 「　　」で表現されていることで、筆者が読者に伝えたいということがよく分かるよ。

C 「想像力のスイッチ」は「　　」がついているし、題名にも使われているから「カギことば」だよね。

 「想像力のスイッチ」は、カギことばとして「　　」がついているのですね。

C 他にも『　　』が使われている言葉がある。

C 『まだ分からないよね。』『事実かな、印象かな。』『他の見方もないかな。』『何がかくれているかな。』だよね。

C この４つも『　　』が使われているから、カギことばだ。

C 『　　』のあとには、「考える習慣をつけよう」「考えてみることが大切である」「想像してみよう」「想像することも大切だ」と、すべて筆者の考えが書かれている。

C だから、『　　』の４つの言葉をつなげれば、「想像力のスイッチ」とは何かをまとめられるね。

 筆者の考える「想像力のスイッチ」は、カギことばである４つの『　　』をまとめれば分かりそうですね。

【「想像力のスイッチ」についてまとめた例】

> ある情報に対して、一度「まだ分からないよね。」と立ち止まり、事実か印象か、他の見方はないか、隠れている情報はないかと想像を広げて考えること。

☞Point
「想像力のスイッチ」を具体的に表しているのが、４つの『　　』です。筆者は、読者の思考の流れを意識して、この『　　』の順序を意識して文章を書いています。

☞Point
『　　』の直後の「文末」は、「想像してみよう」「大切だ」というように、筆者の考えを表す言葉です。だからこそ、筆者の考える「想像力のスイッチ」とは何かにつなげて考えることができるのです。

5年

「想像力のスイッチを入れよう」

⑥ 今後の教材につながるスイッチ

スイッチ	つながる教材
第一段落の工夫	「『鳥獣戯画』を読む」（６年）など
考えとよりどころ	「笑うから楽しい／時計の時間と心の時間」（６年）
カギことば	「笑うから楽しい／時計の時間と心の時間」（６年）など
意見・主張	「笑うから楽しい／時計の時間と心の時間」（６年）など
知識・体験	「笑うから楽しい／時計の時間と心の時間」（６年）など

6年 「笑うから楽しい/時計の時間と心の時間」

❶ 単元の目標

　筆者の主張と、それを支える事例の関係を捉えながら要旨を把握し、筆者の主張に対する考えを伝え合うことができる。

❷ 本単元で働かせるスイッチ

```
─────────[ ○活用スイッチ ]─────────
  考えとよりどころ   原因と結果   意見・主張   使用語句
```

[・定着スイッチ]　段落数　文種　資料　知識・体験　構成　カギことば
　　　　　　　　　問いかけと投げかけ

❸ 教材の特徴とスイッチ

　「笑うから楽しい / 時計の時間と心の時間」は、目に見えない私たちの心の動きと目に見える動きや時間との関係について述べられた論説文です。二人の筆者は、どちらも心理学者です。目に見えない心の動きについて、どのように読者に伝えているのでしょうか。そのキーワードとなるのが「実験」です。筆者は自分の主張を伝えるために、具体的な実験の事例を紹介しています。筆者の主張と、それを支える事例との関係を捉えながら読み進めましょう。

▶ **文章中の「使用語句」と子どもの日常語句の距離を見つめる**

　「実験」という言葉は、3年生の「ありの行列」、4年生の「風船でうちゅうへ」にも出てきました。理科の授業では、「実験」という言葉がよく使われます。高学年にもなると、理科室へ行って実験をすることも増えてきます。しかし、子どもたちは「実験」「観察」「研究」という言葉を、どれだけ使い分けることができるのでしょうか。曖昧に捉えている子どもも多くいるはずです。だからこそ、文章の　使用語句　と子どもの日常語句にどのような距離があるのかを考える必要があるのです。距離が遠いのであれば、辞書で調べたり、語句同士を比べて考えたりして、クラス全員の理解や解釈がずれないようにしたいですね。

128

▶「原因と結果」などの「よりどころ」をもとに筆者の主張を捉える

筆者は自分の主張に説得力をもたせるために、 ⌈よりどころ⌋ を大切にして文章を書いています。 ⌈よりどころ⌋ とは、理由や事例、根拠などをまとめたものでした。では、「時計の時間と心の時間」の ⌈考えとよりどころ⌋ を見ていきましょう。筆者は、１段落で次のように主張を述べています。

> そして、私は、「心の時間」に目を向けることが、時間と付き合っていくうえで、とても重要であると考えています。

最初に「心の時間」という筆者の作った言葉が、「時計の時間」と対比して書かれています。どうして、「心の時間」に目を向けることが重要なのか、読者は続きが気になります。そんな読者に説得力をもって伝えるために、筆者は主張を支える事例、つまり ⌈よりどころ⌋ を工夫して論を展開していきます。

筆者は、この文章中で４つの事例を挙げて説得を試みています。まず、３段落です。「例えば、あなたがゲームに夢中になっているときは」と、多くの子どもが経験しているであろうゲームの例を出して「心の時間」について説明しています。

次は、実験①と実験②の２つの事例です。実験を通して数値を示したり、図やグラフなどと結び付けたりして、「心の時間」の進み方が変わることを可視化して伝えています。実験の内容や原因と結果を、図やグラフ用いて分かりやすく表すことで、筆者の主張に説得力をもたせています。

最後は、机を指でトントンとたたくという事例です。この実験は、子どもたちも簡単に行うことができますね。友達のテンポと比べることで、「心の時間」は人によって感覚が異なることを実感を伴って理解できるでしょう。

このように、筆者は自分の主張を読者に伝えるために様々な ⌈よりどころ⌋ を文章中に配しながら書き進めています。筆者は、なぜ複数の事例を挙げたのか、なぜこのような事例の順序で説明をしたのか、なぜ ⌈原因と結果⌋ を入れて書いているのかなど、筆者の ⌈よりどころ⌋ についての意図を探ることが大切です。

④ 単元計画（全7時間）

時	学習活動	習得／活用スイッチ
1・2	○教材「笑うから楽しい」を読み、学習の見通しをもつ。 ・筆者はどのような事例を挙げて考えを述べているかを捉える。（1時間目） ・自分の経験と結び付けて、文章に対する自分の考えをまとめる。（2時間目）	原因と結果 使用語句 意見・主張
3・4	○教材「時計の時間と心の時間」を読み、構成や筆者の主張を捉える。 ・文章全体の構成を考え、筆者の主張を捉える。（3時間目） ・筆者が、どのような事例を挙げて説明しているかを確かめる。（4時間目）	意見・主張 考えとよりどころ
5〜7	○筆者が複数の事例を挙げた意図を考え、自分の考えをまとめる。 ・筆者が、複数の事例を挙げて説明した意図を話し合う。 （5時間目） ・筆者の主張に対して、自分の意見をまとめる。（6時間目） ・自分の考えをグループで伝え合い、学習を振り返る。 （7時間目）	考えとよりどころ 原因と結果

⑤ スイッチを働かせた授業の姿

［1時間目］ ― 意見・主張 と 原因と結果 をもとに、筆者の主張と事例の関係について考える―

学習活動	指導のポイント

筆者は、どのような工夫をして事例を書いているだろう

 「笑うから楽しい」では、筆者の主張は何段落に書いてあるでしょうか？

C　1段落の「私たちの体の動きと心の動きは、密接に関係しています。」は、言い切っているから筆者の主張だね。

C　4段落に「私たちの体と心は、それぞれ別々のものではなく、深く関わり合っています。」と書いてある。1段落の主張を強調しているみたいだ。

☞ Point
1段落と4段落は、筆者の主張が書いてあります。今までに習得したスイッチを働かせることで、双括型の文章構成だと捉えることができるでしょう。

C 「初め」と「終わり」に筆者の主張があるから、「双括型」の構成だと分かるね。

C 筆者は、4段落の「体の動きも心の動きに働きかけるのです。」ということを伝えたいんだ。

 では、筆者は主張に説得力をもたすために、「中」でどのような工夫をしていますか？

C 2段落は、「実験」の内容を書いている。歯が見えるようにすると、「自然と愉快な気持ちになっていました。」と書いてあるから、筆者の主張に納得するよ。

C 「自然と愉快な気持ちになっていました。」は、実験の「結果」だよね。「結果」には「原因」があると、5年生の「言葉の意味が分かること」で学んだよ。

C その後の脳の判断が「原因」かな。「つまり、楽しい気持ちを引き起こしていたのです。」という「原因」があるから、参加者は愉快な気持ちになったという「結果」につながると思う。

C 「原因」と「結果」がセットになっていると、分かりやすいよね。

 では、3段落の事例には、どのような工夫があるでしょうか？

C 3段落には、「脳内の血液温度が変わることも、私たちの心の動きを決める大切な要素の一つです。」と書いてある。

C これは、「事実」だね。楽しい気持ちが生じるのは、たくさんの空気を吸いこむと、脳を流れる血液が冷やされるからだ。

C ここも「結果」と「原因」の関係で書かれているよ。

 筆者は、どうして、2つの事例を用いて説明しているのでしょうか？

C 「実験」と「事実」の事例が2種類あることで、主張の説得力を高めているんだよ。

C 3年の「ありの行列」も、「実験」が書いてあって分かりやすかったよね。

C 「実験」だけなく、「事実」も書くと、より心と体が深く関わっているという主張につながるからだね。

C 2つの事例があるから、体と心は深く関わり合っているという

⇨ Point
2段落は、 原因と結果 の関係になっています。5年生の「言葉の意味が分かること」を想起し、原因と結果 をセットで探し出す目をもてるようにします。

⇨ Point
調査結果などで明らかになっている事例を「事実の事例」などとし「実験の事例」と区別できるようにします。子どもから出なければ、教師から伝えてもよいでしょう。

⇨ Point
2つの事例を用いることで、筆者は自分の主張に対する説得力を高めています。2つの事例がある場合とない場合を比べて考えてもよいでしょう。

6年

「笑うから楽しい／時計の時間と心の時間」

ことが分かるよ。

C 「鏡の前でにっこりえがおを作ってみるのもよいかもしれません。」と書いてあるから、嫌なことがあったときに自分もやってみようと思った。

C 今までは、悲しいから泣いて、楽しいから笑うのだと思っていた。けれど、2つの事例があったから、4段落の「体の動きも心の動きに働きかけるのです。」に納得したよ。

筆者はなぜそういう主張をしたのか、読者にしっかりと分かってもらえるように2つの事例を用いるなど工夫しているのですね。

学習活動	指導のポイント

筆者は、なぜ複数の事例を挙げて説明しているのだろう

どうして、筆者は複数の事例を挙げたのでしょうか。筆者の主張と関係付けて考えてみましょう。

C 7段落に、「心の時間」は「心や体の状態」や「身の回りの環境」などによって、進み方が違うと書いてある。だから、「心と体の状態」の事例や「身の回りの環境」の事例など複数の事例が必要なんだ。

C それに「私たちは、それぞれにちがう『心の時間』の感覚をもっています。」を分かってもらうために、6段落の机を指でたたく実験を書く必要があるんだ。

C 筆者は、「心の時間」の説明をしなければいけない。「心の時間」は、人によって進み方が違うし、人によって違う感覚があるから、複数の事例を書いて説明しているんだ。

C 筆者は自分の主張をしっかりと伝えるために、いくつも事例を書いているんだ。

では、筆者が挙げた複数の事例の中で工夫しているなと思ったところはありますか?

☞Point
実際に体の動きが心の動きに働きかける経験をした子どももいるでしょう。そのような自分の経験を結び付けながら話し合うことも効果的です。

☞Point
「心の時間」は、①心の状態　②体の状態　③身の回りの環境で進み方が違うと筆者は述べています。さらに、④それぞれにちがう「心の時間」の感覚があるという点から、複数の事例を挙げていることを捉えられるようにしましょう。

☞Point
考えとよりどころ のスイッチを働かせます。筆者は事例の順序

C　3段落の「楽しいことをしているときは時間がたつのが速く」というのは分かりやすいよね。私も、ゲームをしているときに同じように感じたことがある。

C　ゲームをしていると楽しくなって、いつの間にか決められた時間以上やってしまうことがあるよね。

C　筆者は、読者のことを考えて、最初に私たちが「分かりやすい例」として、この事例を出したんだと思う。

C　筆者は、事例の順序も工夫しているよね。

筆者は、事例の順序も工夫して書いているんですね。他の事例はどうでしょうか？

C　4段落と5段落も、実験①と②がつながっているから分かりやすい。どちらも図で示しているから、文章と図を結び付けて考えることができる。

C　5年の「固有種が教えてくれること」でも、図や表の使い方を学んだよ。この文章でも文章と図や表がうまくつながっている。

C　4段落は、「笑うから楽しい」のように「原因と結果」で書いてあるね。

C　「朝、起きたばかりのときや、夜、ねる前には、動きが悪くなります。」という「原因」があるから、「心の時間」の進み方が変わるという「結果」になるんだね。

C　6段落の机をたたく実験は、教室でみんなで簡単にできるから試せるよさがあるよ。「このテンポは人によって異なるもので」と書いてあるのは、実際にそうだったよね。

いろいろな種類の事例を挙げたり、原因と結果や図表を上手に使ったりして、自分の主張の説得度を高めているのですね。

も意識して、説明しています。「どうして、最初にゲームの事例から書いているのだろう」などと発問してもよいでしょう。「知識・体験」とも結び付けることもできますね。

☞Point
筆者は、図も効果的に用いて実験結果を伝えています。図などの資料がなかった場合、原因が書かれていなかった場合などを比べて考えると、筆者の事例の工夫を捉えることができるでしょう。

6 今後の教材につながるスイッチ

スイッチ	つながる教材
意見・主張	「『鳥獣戯画』を読む」（6年）→「「考える」とは」（6年）

6年 「『鳥獣戯画』を読む」

① 単元の目標

自分の考えを伝えるための筆者の論の展開や表現などの工夫を捉え、日本文化のよさが伝わる文章を書くことができる。

② 本単元で働かせるスイッチ

[○活用スイッチ]

(筆者) (文末) (第一段落の工夫)
(問いかけと投げかけ) (意見・主張) (物語的表現)

[・定着スイッチ] (資料と文の関係)

③ 教材の特徴とスイッチ

「『鳥獣戯画』を読む」は、これまでの説明文とは異なる印象を受けます。書き出しの工夫、文と絵の効果的な使い方、リズム感のある文体、読者に訴えるような臨場感のある文章で、筆者は『鳥獣戯画』は人類の宝であるという主張に結び付けています。筆者の論の進め方や『鳥獣戯画』の魅力を伝える表現の工夫を捉え、それを「書くこと」の学びへと生かせるようにしたいですね。

▶ 映画監督である「筆者」高畑勲さんが伝える「鳥獣戯画」

(筆者) の高畑勲さんは、ジブリ映画の監督やプロデューサーとして有名な方です。その高畑さんは、文章の最後を次のように結びます。

『鳥獣戯画』は、だから、国宝であるだけでなく、人類の宝なのだ。

高畑さんが、どれだけ『鳥獣戯画』を愛し、それを読者にメッセージとして伝えようとしているかが分かる一文です。「人類の宝なのだ」と言い切る高畑さん。プロ中のプロが訴える言葉に重みがあるのは、高畑さんが自らの主張に説得力をもたせるために、読者を引きつける論の展開、表現の工夫を用いているからです。まさ

134

に、（筆者）高畑勲さんの血の通った文章だといえるでしょう。

▶ 読者を引きこむ「文末」や「物語的表現」などの「第一段落の工夫」

> はっけよい、のこった。秋草の咲き乱れる野で、蛙と兎が相撲をとっている。蛙が外掛け、すかさず兎は足をからめて返し技。その名はなんと、かわづ掛け。

　高畑さんのこの書き出しから、これまで読んできた説明文に対する常識が覆されます。なんと魅力ある文の連なりでしょう。一文の短さも特徴的です。体言止めを効果的に用いながら書くことにより、文章にリズムが生まれ、臨場感をもたせています。読者は、思わず声に出して読みたくなるのではないでしょうか。

　また、（文末）に着目すると、「とっている」のように現在進行形で表現していることに気付くでしょう。まるで実況中継をしているように感じられます。この現在進行形の（文末）も、読者を引き付ける筆者の工夫です。

　さらに、「おっと、蛙が兎の耳をがぶりとかんだ。」のような感嘆語やオノマトペ。「たまらず兎は顔をそむけ、ひるんだところを蛙が－。」という（物語的表現）、続きが気になる「－（ダッシュ）」の用い方。高畑さんの描く（第一段落の工夫）、ぜひ子どもたちと味わいたいですね。

▶「問いかけと投げかけ」で、読者を説明文にいざなう

　（問いかけと投げかけ）を効果的に用いているのも、高畑さんの文章の特徴の1つです。

> ためしに、ぱっとページをめくってごらん。どうだい。蛙が兎を投げ飛ばしたように動いて見えただろう。アニメの原理と同じだね。

　高畑さんの（問いかけと投げかけ）に対して、言葉と絵とが連動するように紙面がつくられています。言葉と絵がうまく関連付けられていることで、読者は思わず納得してしまいます。本文を読むと『鳥獣戯画』を観てみたいと思う子どもたちも増えるのではないでしょうか。他にも、「もう少しくわしく見てみよう。」「いったいこれはなんだろう。」のように、読者を『鳥獣戯画』の世界にいざなう工夫が（問いかけと投げかけ）に隠されているのです。

単元計画（全10時間）

時	学習活動	習得／活用スイッチ
1・2	○教材「『鳥獣戯画』を読む」を読み、学習の見通しをもつ。 ・学習課題を設定し、学習計画を立てる。（1時間目） ・絵と文章を照らし合わせて読み、内容を捉える。（2時間目）	筆者
3〜6	○筆者の主張とそれを伝えるための工夫を読み取る。 ・筆者が、『鳥獣戯画』を人類の宝だと主張する理由を考える。 （3時間目） ・筆者の論の展開や表現の工夫をまとめる。（4時間目） ・筆者の工夫について、まとめたことを伝え合う。（5時間目） ・日本文化について書かれた本を読み、友達と感想を伝え合う。（6時間目）	意見・主張 文末 第一段落の工夫 問いかけと投げかけ 物語的表現
7〜10	○日本文化の魅力を伝える文章を書く。 ・興味をもった日本文化について調べ、図や表に整理する。 （7時間目） ・文章の構成を考え、日本文化のよさを伝える文章を書く。 （8・9時間目） ・友達と書いた文章を読み合い、学習を振り返る。（10時間目）	意見・主張 文末 問いかけと投げかけ

5 スイッチを働かせた授業の姿

［3時間目］ ―筆者の『鳥獣戯画』への見方を捉え、 意見・主張 について考える―

学習活動	指導のポイント

どうして、高畑さんは「鳥獣戯画」を人類の宝だと考えているのだろう

C 2段落に「墨一色、抑揚のある線と濃淡だけ、のびのびと見事な筆運び、その気品。」と書いてある。『鳥獣戯画』に対して高畑さんが魅力を感じていることが分かる文だね。

C 「まるで人間みたいに遊んでいる。」と比喩を使っている。それくらい、『鳥獣戯画』が素晴らしいと感じているんだ。

C 6段落で「ほんのちょっとした筆さばきだけで、見事にそれを表現している。」という文の「見事」という言葉から『鳥獣戯画』の描き方に感心していることが伝わってくる。

C 3段落で、『鳥獣戯画』を「漫画の祖」だと述べている。漫画の

☞Point
筆者は、『鳥獣戯画』の素晴らしさをいたるところで述べています。子どもたちが意見を出し合いながら、「漫画の祖」に焦点化して考えられるようにします。

始まりという意味だから、人類の宝だと考えているんだ。

どうして、高畑さんは『鳥獣戯画』を漫画の祖だと述べているのでしょうか？

C 『鳥獣戯画』は、動物を人間のように描いている。まるで漫画のように感じるからだと思うよ。

C 3段落に「線のみで描かれ、大きさがちがうはずの兎と蛙が相撲をとっている。」と書いてある。兎と蛙が実際に相撲をとるはずもないから、漫画みたいだよね。

C 「おかしくて、おもしろい。」というのも、漫画の特徴だね。

C 5段落で、けむりや息みたいなのものが蛙の気合いの声だと考えている。「まるで漫画のふき出しと同じようなことを、こんな昔からやっているのだ。」と書いてあるよ。

C 高畑さんは、「漫画の祖」だけでなく、4段落では、『鳥獣戯画』をアニメの祖とも伝えているね。

では、高畑さんが、『鳥獣戯画』をアニメの祖だと書いているのはどうしてでしょうか？

C 4段落で「蛙が兎を投げ飛ばしたように動いて見えただろう。」と述べている。アニメも同じように動くから、「アニメの原理と同じだね。」と言っている。

C パラパラ漫画のように動いて見えるので、アニメと同じだと伝えているんだよ。

C 4段落に「取っ組み合っていた蛙が兎を投げ飛ばしたように感じられる。」と書いてあるよ。絵がつながってアニメと同じように見えるからだ。

C 6段落の「勢いがあって、絵が止まっていない。動きがある。」という言葉も、アニメのように感じられる根拠だね。

「漫画の祖」「アニメの祖」から、高畑さんは『鳥獣戯画』を人類の宝だと考えているのですね。他にも、あるでしょうか？

C 12世紀という昔に『鳥獣戯画』がつくられたのは、「なんとすてきでおどろくべきことだろう。」と考えているからだ。

C 9段落に「世界を見渡しても、そのころの絵で、これほど自由

☞Point
漫画は、子どもにとっても身近なものです。最初に漫画の特徴を話し合い、筆者が『鳥獣戯画』を「漫画の祖」だと考える理由を探ってもよいでしょう。

☞Point
『鳥獣戯画』が動きを生み出しているという点で、高畑さんはアニメの祖だと考えています。4段落を中心に読みながら、その理由を捉えましょう。

☞Point
高畑さんが『鳥獣戯画』を評価するのは、①漫画の祖であること②アニメの祖であること③歴史的な価値があり、現在まで伝わってきたことの3点からまとめます。

閣達なものはどこにも見つかっていない。」と書いてある。それ
ほど、『鳥獣戯画』を素晴らしいと感じている。

そんな昔に描かれたすばらしい『鳥獣戯画』を、祖
先たちが私たちに大切に伝えてくれた。そこにも価
値があるのですね。

C　高畑さんは、『鳥獣戯画』を描いた人を「自由な心をもっていた
にちがいない。」と、強い文末で書いているよ。

C　最後の筆者の主張も、「人類の宝なのだ。」と文末を言い切って
いる。それだけ、高畑さんの『鳥獣戯画』への思いが伝わるね。

☞Point
「〜にちがいない」「〜なのだ」と
いう「文末」に着目すると、高畑
さんの『鳥獣戯画』に対する強い
思いに気付くでしょう。

[5時間目]　―これまでに活用したスイッチを働かせ、筆者の表現の工夫を考える―

学習活動	指導のポイント

高畑さんは、自分の評価を読者に伝えるために、どのような工夫をしているのだろう

C　書き出しから工夫しているよね。「はっけよい、のこった。」か
ら始まり、最初は説明文だとは思わなかった。

C　読者は続きが気になるよ。それも効果だよね。

C　5年生の「想像力のスイッチを入れよう」でも学習したように、
これは「第一段落の工夫」だよ。

☞Point
まず、文の書き出しを取り上げ、
「第一段落」の工夫に結び付けて
考えましょう。

それでは、「第一段落の工夫」から話し合いましょ
う。

C　「すかさず兎は足をからめて返し技。その名はなんと、かわづ掛
け。」と、体言止めを連続で使っている。

C　体言止めは物語だけでなく、説明文でも使われるんだね。読ん
でいて、文章にリズムが生まれるよ。

C　「おっと、蛙が兎の耳をがぶりとかんだ。」の「おっと」も、ア
ナウンサーの中継を聞いているようだ。

C　「ひるんだところを蛙が―。」には、「―（ダッシュ）」が使われ
ている。続きがどうなるのか、読みたくなるような書き方をし
ている。

C　「すかさず」や「たまらず」の表現もおもしろいよね。兎や蛙の

☞Point
「とっている」という現在進行形
の文末表現に着目することもで
きます。この文末が、実況中継
のような躍動感やリズム感を生
み出しています。

☞Point
「すかさず」「たまらず」は、「物
語的表現」です。この表現があ
る場合とない場合で、比べて考
えるのも効果的です。

138

行動や気持ちが伝わってくるね。

 では、高畑さんは、文末にどのような工夫をしているのでしょうか？

C　3段落で「ページをめくってごらん。」と、読者に投げかけている。次は、どうなるんだろうと気になるよ。

C　文と絵を上手に使って文章を書いているね。

C　5段落では、「もう少しくわしく絵を見てみよう。」と投げかけている。その後には「いったいこれはなんだろう。」という問いかけがあるから、読者に考えさせようとしている。

C　高畑さんは、この文章で問いかけや投げかけをたくさん使っているのが特徴的だね。

C　問いかけや投げかけだけでなく、文末も工夫されているよ。

 高畑さんは、第一段落の工夫や文末の工夫もしていますね。他にもありますか？

C　言い切りの文末表現が多いから、なるほどと思ってしまう。

C　「～にちがいない」などの文末表現が多い。高畑さんの主張が強調されている。

C　高畑さんの主張の「人類の宝なのだ。」も、高畑さんの思いが強く伝わるよ。だから、読者は納得するんだね。

 高畑さんは自分の主張を読者に伝えるために、たくさんの表現の工夫をしているのですね。

☞Point
5年生の「想像力のスイッチを入れよう」でも、筆者は投げかけを多用していました。そのときのことを想起し、その効果を考えてもよいでしょう。

☞Point
投げかけと合わせて、絵の示し方の効果も捉えることができます。これは、「資料と文の関係」のスイッチです。

☞Point
「～にちがいない」を「～かもしれない」に置き換えて考えてもよいでしょう。文末に着目することにより、高畑さんの見方や考え方に迫ることができます。

6年

「『鳥獣戯画』を読む」

6　今後の教材につながるスイッチ

スイッチ	つながる教材
第一段落の工夫	「「考える」とは」（6年）
意見・主張	「「考える」とは」（6年）

「「考える」とは」

6年

① 単元の目標

　筆者の論の進め方や表現の仕方に着目し、複数の文章をもとに考えたことを伝え合い、自分の考えを広げることができる。

② 本単元で働かせるスイッチ

――――――――――[○活用スイッチ]――――――――――

題名・話題　　第一段落の工夫　　カギことば　　比較　　意見・主張

[・定着スイッチ]　　要旨　　知識・体験　　構成

③ 教材の特徴とスイッチ

　「『考える』とは」は、6年生最後の説明文の単元です。3人の筆者が、短い論説文で「考える」ことについての考えを述べています。今までの単元と大きく違うのは、それぞれの分野で活躍している3人の「考える」をテーマにした文章を比べて読むことです。今まで学んできたスイッチを働かせながら、6年間の集大成となるような説明文の学習にしましょう。

▶ 筆者の「意見・主張」と「題名」

　この単元のテーマは、「考える」です。子どもたちは、日常的に「考える」ことをしていますが、「考える」ことを考えることはしていないはずです。そのため、改めて考えてみると難しい問いのように感じます。この哲学的な「問い」に対して、すべての筆者が「考える」を 題名 につけています。「考えることとなやむこと」「考えることを考え続ける」「考える人の行動が世界を変える」から分かるように、 題名 が、筆者の主張・着眼点になっています。 題名 に着目することで、筆者が最終的にどのような 意見・主張 を述べようとしているのか、イメージをもって読み進めることができるでしょう

▶ それぞれの筆者の考えと論の進め方を「比較」する

それぞれの筆者の考えと論の進め方の特徴を捉えるには （比較） することが効果的です。まずは、鴻上さんの主張です。

> 何が問題なのかを、箇条書きにしてみよう。それが、「考えることとなやむことを区別する」ということだ。そうすれば、問題を解決するためにやるべきことが、<u>はっきりと見えてくる。</u>

鴻上さんは、自分の経験をもとに、先輩の言葉を例に挙げながら論を進めます。その際に、「あなたはどうだろう」と投げかけます。5年生の「想像力のスイッチを入れよう」でも、筆者の下村さんは二人称の「あなた」を使っていましたね。そうすることで、読者に当事者意識が生まれました。最後には、「問題を解決するためにやることが、<u>はっきりと見えてくる。</u>」と断定しているのも特徴的です。

> 「考える」とは何かという難しい問題について、<u>考え続けないといけないのである。</u>

次に、石黒さんの主張です。石黒さんは、「考える」とは何かという難しい問題について、「考え続けないといけないのである。」と断定します。自分自身の経験を述べる際に「私」という言葉を使い、筆者と読者との距離を縮めながら論を進めています。石黒さんのロボット研究は、読者との距離が遠く感じられます。しかし、「私」として筆者が顔を出すことで、一緒に考えているような感覚を抱きますね。

> 何が大切なのか、何が正しいのか、どういう未来にしたいのかを考え、行動することが重要なのだ。<u>私たち</u>一人一人が、そんな「考える葦」になれば、どんな課題も解決することができるだろう。

最後は、中満さんです。中満さんは、文末を「なのだ」と言い切りの形にして強く主張しています。哲学者パスカルの「人間は考える葦である」という言葉を引用しているのも印象に残ります。最後の一文に「私たち」と書くことで、「考える」ことの重要性がより感じられるようになっています。5年生の「固有種が教えてくれること」でも、筆者の今泉さんが同様の書き方をしていました。

同じテーマで書かれた文章だからこそ、 （比較） のスイッチを働かせ、それぞれの筆者の考えや論の進め方の共通点や相違点を捉えていきましょう。

6年

「考える」とは

時	学習活動	習得／活用スイッチ
1・2	○教材「「考える」とは」を読み、学習の見通しをもつ。 ・3つの文章を読み、内容を把握する。（1時間目） ・筆者が伝えたいことを捉え、短い文で表す。（2時間目）	題名・話題 意見・主張
3・4	○3つの文章を読み、筆者の伝え方の工夫を捉える。 ・それぞれの筆者の論の進め方を考える。（3時間目） ・3つの文章を比較し、それぞれの文章の特徴を考える。 （4時間目）	第一段落の工夫 カギことば 比較
5・6	○「考える」ということについて、自分の考えをまとめる。 ・3人の筆者の考えと、自分の考えとの共通点や相違点を整理し、最終的な考えをまとめる。（5時間目） ・グループで考えを伝え合い、学習を振り返る。（6時間目）	

⑤ スイッチを働かせた授業の姿

[3時間目] ― 第一段落の工夫 カギことば と関連付け、筆者の論の進め方について考える―

学習活動	指導のポイント

それぞれの筆者は、どのように論を進めているのだろう

まず、「考えることはなやむこと」の鴻上さんは、どのように論を進めているでしょうか？

C　1段落に、筆者の大学生のときの経験から書き始めているよ。

C　鴻上さんと先輩の会話のやりとりで始まっているから、続きがどうなるのか読みたくなる。

C　これは、「第一段落の工夫」だね。5年生の「想像力のスイッチを入れよう」でも、マラソン大会の事例から書き始めて、読者が身近に感じるように工夫していたね。

そうでしたね。鴻上さんは、他にもどんな工夫をして文章を書いているでしょうか？

C　鴻上さんは、先輩に言われたことを事例にして説明している。自分の経験を書いてくれているから、筆者の存在を近く感じる。

☞Point
鴻上さんは、大学生のときの経験から書き出しています。そのため、子どもたちは 第一段落の工夫 だと気付くことができるでしょう。5年生の「想像力のスイッチを入れよう」を想起し、筆者の工夫を重ね合わせてその工夫を捉えたいですね。

☞Point
鴻上さんは読者を「あなた」と呼びかけ、読者を引きこんでいます。「想像力のスイッチを入れよう」の「あなたの努力は～」の一

C　5段落に「あなたはどうだろう。」と問いかけがある。「あなた」と呼ばれると、自分のこととして考えたくなるよね。

C　「想像力のスイッチを入れよう」でも、「あなたの努力は、『想像力のスイッチ』を入れることだ。」と、筆者の下村さんは「あなた」という言葉を使って書いていた。

C　「考えることとなやむこと」は、題名にもなっている。「カギことば」として何度も出てくるね。

C　鴻上さんは、考えることと悩むことを区別するために、箇条書きという具体的な方法を提案しているね。

次に、「考えることを考え続ける」の石黒さんの論の進め方を考えてみましょう。

C　1段落から、筆者が5年生のときに大人に言われたことをもとに書き出している。

C　事例の中で、「気持ち」や「考える」について書いているよ。人間とロボットの違いは、「考える」ことができるかどうかだと伝えたいんだ。

C　「人間」と「ロボット」を比べると、「考える」ことが「人間」の強みなんだね。

C　「考える」と「気持ち」という言葉に「　　」を使っている。これらは「カギことば」として強調しているんだ。

C　「『考える』とは何かという難しい問題について、考え続けないといけない。」ということが筆者の考えで、「題名」にもつながっているね。

最後に、「考える人の行動が世界を変える」の中満さんの論の進め方はどうでしょうか？

C　1段落は、哲学者パスカルの「人間は考える葦である。」という言葉から始まる。これを読んだとき、「考える葦」とはどういうものなのか気になった。

C　「考える葦」は、1段落だけでなく5段落にも使われているから、「カギことば」だね。

C　1段落に人間のことを「葦のように非力な存在だが、考えることによって大きな存在にもなれる」と書いてある。5段落も、「『考える葦』になれば、どんな課題も解決することができるだ

文を短冊で提示し、鴻上さんの「あなた」の使い方と結び付けながらその効果を考えてもよいでしょう。

☞Point
石黒さんも自分の経験から、文章を書き始めています。表現の工夫の共通点を見つけるのは次の時間ですが、「鴻上さんと同じように、第一段落を工夫しているよ」と発言する子どもがいれば、大いに認めたいですね。

☞Point
中満さんは、自分の主張と結び付けるために哲学者パスカルの言葉の引用から書き始めたと考えられます。これも 第一段落の工夫 ですが、自分の経験から書き始めていないところが、鴻上さんたちと違うところです。

ろう。」と、同じことを強調して書いている。

C 中泉さんは、ボスニア・ヘルツェゴビナで働いていた経験を事例として書いているよ。

C 人間がどうすることもできない社会の流れの中でも、考えることで乗り越えてきたことを伝えたいんだ。

C だから、「AIに判断を任せればよいという人がいるが、私はちがうと思う。」と反対の意見を伝えているね。

☞Point
中満さんの文章の構成は「双括型」です。鴻上さんと石黒さんは「尾括型」です。次の時間で、比較して考える際に構成の違いも確認したいですね。

3人の文章の特徴が見えてきましたね。次の時間は、それぞれの文章を比べて特徴をまとめましょう。

[4時間目] — 比較 を通して、それぞれの筆者の表現の工夫について考える—

学習活動	指導のポイント

3人の筆者の説明文を比べて、表現の工夫の共通点や異なる点を見つけよう

まず、3人の筆者の文章を比べて、共通点はあるでしょうか?

C 3人とも題名が「カギことば」になっている。「考える」が入っていて、自分の主張と結びついている。

C 題名が「カギことば」になっているから、筆者の主張はどこかを考えながら読むことができる。

C 3人の筆者は、「第一段落の工夫」をしているね。

C 鴻上さんと石黒さんは、自分が大学生や小学生のときの経験から書き始めているのが共通点だ。

C 中泉さんは、そうではない。でも、自分の経験は「中」の事例で書いているよ。

☞Point
前時の読み取りをもとに、3人の筆者の共通点を見つけます。2人の共通点でも問題ありません。比較することで、それぞれの文章の特徴がより明らかになるようにしましょう。

題名や「初め」の共通点を見つけましたね。では、3人の筆者の「中」や「終わり」の論の進め方に、共通点はあるでしょうか?

C 3人の筆者は、事例にそれぞれの経験を挙げているのが共通している。だから、筆者が大切だと思うことがより読者にも伝わってくる。

☞Point
3人とも最後の段落に考えを書いていますが、中満さんのみ「双括型」で書いています。中満さんが、どうして双括型で書いたのかを考えてみてもよいでしょう。

C　鴻上さんと中満さんは、事例に会話文を入れているのが共通している。会話文があると、読者がイメージしやすいよ。

C　３人とも、最後の段落に筆者の主張を述べているのも共通点だよね。

では、３人の論の進め方を比べて、異なるところはありますか？鴻上さんはどうですか？

C　鴻上さんだけ、「あなた」という言葉を使って、読者に語りかけているように書いている。

C　「あなたはどうだろう。」と、問いかけることで自分のこととして考えやすくなるんだね。

C　鴻上さんは、「例えば」と読者に例を出して論を進めているのも、２人の筆者とは違う点だ。

C　鴻上さんの主張は、「箇条書きにしてみよう。」と、とても具体的だ。だから、私もやってみたいと思ったよ。

☞Point
鴻上さんは、読者に語りかけたり、呼びかけたりし、読者に当事者意識をもたせようとしている点が他の筆者とは異なる点です。

石黒さんや中満さんはどうでしょうか。異なる点はあるでしょうか？

C　石黒さんは、「ロボット」と「人間」を比べながら違いを述べている。だから、「人間のように」と比喩を使っている。

C　中満さんは、ナイチンゲールなどを例に出して、考えて、行動することの大切さに結び付けて書いているね。

C　考えることと行動することをセットにしているのも、中満さんの主張の特徴だ。考えたことを行動にうつすことの大切を感じる。

C　中満さんの考えは、「初め」にもある。「双括型」で書いているのは、中満さんだけだ。

☞Point
石黒さんは、ロボット学者だけに人間とロボットを比べながら論を展開しています。だからこそ、「人間みたいに」「人間のように」と比喩を用いながら説明することができるのです。

比較すると、３人の文章の表現や工夫の共通点と異なる点が分かりましたね。次の時間は「考える」ということについて、自分の考えをまとめましょう。

6年

「考える」とは

145

おわりに

　私が教師になりたての頃、国語の授業ほど難しいものはありませんでした。とりわけやっかいだったのが物語文と説明文。物語文では、登場人物の気持ちを問うことのオンパレード。では、説明文はというと、一問一答で書いてあることを確認し、子どもたちに一方的に指示を出しては作業のような活動を強いていました。思い返すたびに恥ずかしくなる、過去の私の授業です。

　これではいけないと、教材研究を積み重ねるうちに、今まで見えなかったものが見えるようになりました。「ごんぎつね」で学んだ情景や呼称の変化は、「大造じいさんとガン」につながっていました。「じどう車くらべ」と「こまを楽しむ」は、どちらも身近な事例の順序で説明されていることが分かりました。教材と教材のつながりが見えると、いつしか「次に」が言える教師になっていました。私の授業づくりも大きく変わりました。すると、子どもの読みが一変しました。言葉に立ち止まるようになりました。「前に」が言えるようになりました。考えのずれを楽しみ、仲間との対話を求め出しました。

　「閉じられた学び」から「開かれた学び」へ。それには、授業での教師の役割が重要なことは言うまでもありません。本書ではそれを明確に示すために、執筆者にはあえて教師の発問や確認、価値付けを増やしてもらいました。理想を語れば、子どもが多くの気付きを生み出し、教師はファシリテートに徹し、子ども主体で学習を進めたいのですが、本書の性質上、スイッチの習得・活用・定着に主眼を置いているため、一問一答のような授業場面も見受けられることをご理解ください。

　企画から刊行までおよそ1年。猛暑の中、執筆者と一緒に頭をフル回転させてスイッチ系統表を作成した日々が懐かしく思い出されます。この間、東洋館出版社の西田亜希子さんには粘り強く対応していただきました。執筆された先生方、西田さん、ありがとうございました。そして、茅野政徳先生。この1年で、どれだけメールをしたことでしょうか。茅野先生のご意見すべてが私の学びとなりました。

　最後になりますが、本書が一人でも多くの先生方の手に届き、授業実践のお役に立つことを願っています。先生も、子どもも、明日が待ち遠しくなるような国語の授業。ともに創っていきましょう。

令和6年3月　櫛谷孝徳

編著者・執筆者紹介

＊所属は令和6年3月1日現在

編著者

茅野 政徳（かやの・まさのり）

山梨大学大学院 准教授

川崎市の公立小学校に勤務後、横浜国立大学教育人間科学部附属横浜小学校、
東京学芸大学附属竹早小学校を経て、2018年から現職。「創造国語の会」主催。
光村図書出版小学校国語教科書編集委員

〈編著〉
『板書で見る全単元の授業のすべて 国語 小学校3年上／下』 東洋館出版社 2020年
『指導と評価を一体化する 小学校国語実践事例集』 東洋館出版社 2021年
『「まったく書けない」子の苦手を克服！教室で使える カクトレ 低／中／高学年』 東洋館出版社 2022年
『小学校国語 教材研究ハンドブック』 東洋館出版社 2023年
『板書で見る全単元の授業のすべて 国語 小学校3年―令和6年版教科書対応―上／下』 東洋館出版社 2024年

櫛谷 孝徳（くしや・たかのり）

神奈川県・相模原市立清新小学校教諭

相模原市の公立小学校に勤務後、横浜国立大学教育人間科学部附属横浜小学校、
相模原市立麻溝小学校を経て、2022年から現職。
光村図書出版小学校国語教科書編集委員
〈編著〉
『板書で見る全単元の授業のすべて 国語 小学校3年―令和6年版教科書対応―上／下』 東洋館出版社 2024年

執筆者／執筆箇所
＊執筆順

茅野 政徳	前出	●はじめに ●第1章―1.2.4
櫛谷 孝徳	前出	●第1章3.5 ●おわりに
野田 亜矢	神奈川県・平塚市立大原小学校教諭	●第2章―1・2年生
久我 隆一	東京都・調布市立八雲台小学校主任教諭	●第2章-3・4年生
森 壽彦	神奈川県・川崎市立東小倉小学校教諭	●第2章-5・6年生

小学校国語 読みのスイッチでつなぐ
教材研究と授業づくり 説明文編

2024（令和6）年 4 月 5 日　初版第1刷発行
2024（令和6）年10月25日　初版第3刷発行

編著者	茅野 政徳・櫛谷 孝徳
発行者	錦織 圭之介
発行所	株式会社 東洋館出版社
	〒101-0054 東京都千代田区神田錦町2-9-1
	コンフォール安田ビル2階
	代　表　TEL：03-6778-4343　fax：03-5281-8091
	営業部　TEL：03-6778-7278　fax：03-5281-8092
	振　替　00180-7-96823
	URL：https://www.toyokan.co.jp
イラスト	いなば ゆみ／パント大吉
装幀・本文デザイン	神宮 雄樹（monocri）
組版	株式会社明昌堂
印刷・製本	株式会社シナノ

ISBN 978-4-491-05442-1／Printed in Japan